浙江省渔港经济区产业发展研究

以岱山县渔港经济区为例

王世表　刘年飞　侯子顺◎著

新华出版社

图书在版编目（CIP）数据

浙江省渔港经济区产业发展研究：以岱山县渔港经
济区为例 / 王世表，刘年飞，侯子顺著 . — 北京：
新华出版社，2024.7. — ISBN 978-7-5166-7472-7

I. F326.475.54

中国国家版本馆 CIP 数据核字第 2024UC7437 号

浙江省渔港经济区产业发展研究：以岱山县渔港经济区为例

著者：王世表　刘年飞　侯子顺
出版发行：新华出版社有限责任公司
　　　　　（北京市石景山区京原路 8 号　邮编：100040）
印刷：廊坊市海涛印刷有限公司

成品尺寸：170mm×240mm　1/16　　　印张：10.5　　字数：159 千字
版次：2024 年 7 月第 1 版　　　　　印次：2024 年 7 月第 1 次印刷
书号：ISBN 978-7-5166-7472-7　　　定价：60.00 元

微店　　视频号小店　　抖店　　京东旗舰店

微信公众号　　喜马拉雅　　小红书　　淘宝旗舰店　　扫码添加专属客服

引　言

　　渔港经济区是一种独特的经济区域，它以渔港为核心，紧密结合城镇建设和产业集聚。在这个区域内，以渔业为基础，形成了一个多元化的产业体系，涵盖了渔船避风补给、鱼货交易、冷链物流、精深加工、海洋药物、休闲观光以及城镇建设等多个领域。这种经济区的产业结构平衡，产业层次较高，具有显著的辐射效应，是现代渔业经济的重要体现。渔港经济区的建设具有深远的意义。它不仅能提升渔业效益、促进渔村繁荣和渔民富裕，更在推动渔区新型城镇化等方面发挥重要的引领作用。对于构建区域现代产业体系、生产体系、经营体系，渔港经济区的建设具有重大的现实意义和深远的战略意义。这种经济区有助于实现渔业、渔村和渔民的全面发展，推动区域经济的持续繁荣。

　　受岱山县海洋与渔业局委托，2019 年 12 月，课题研究组承担了《岱山县渔港经济区建设规划》的编制任务，其中渔港经济区产业发展研究分析是完成建设规划编制的一项十分重要的基础工作。传统的区域产业研究往往局限于固有的线性思维，对产业发展的认知存在单一片面的误区，本案突破旧有思维，本着渔业发展、渔港建设、渔村繁荣"三渔融合"的总体编制思路，利用SWOT 等产业分析方法，确立了岱山县渔港经济区产业发展按照"3＋4＋4＋8"的总体部署（明确三大功能定位，把握四个原则，确立四大目标，实施八大产业发展策略），努力打造国家级综合型渔港经济区发展典范。

　　感谢宁波工程学院学术出版经费资助。感谢北京大洋碧海渔业规划设计院有限责任公司项目支持和浙江省新型高校智库现代物流研究中心出版资助！

　　本书编制思路见导图 1—导图 5。

导图 1. 岱山县渔港经济区产业发展研究报告编制总体思路

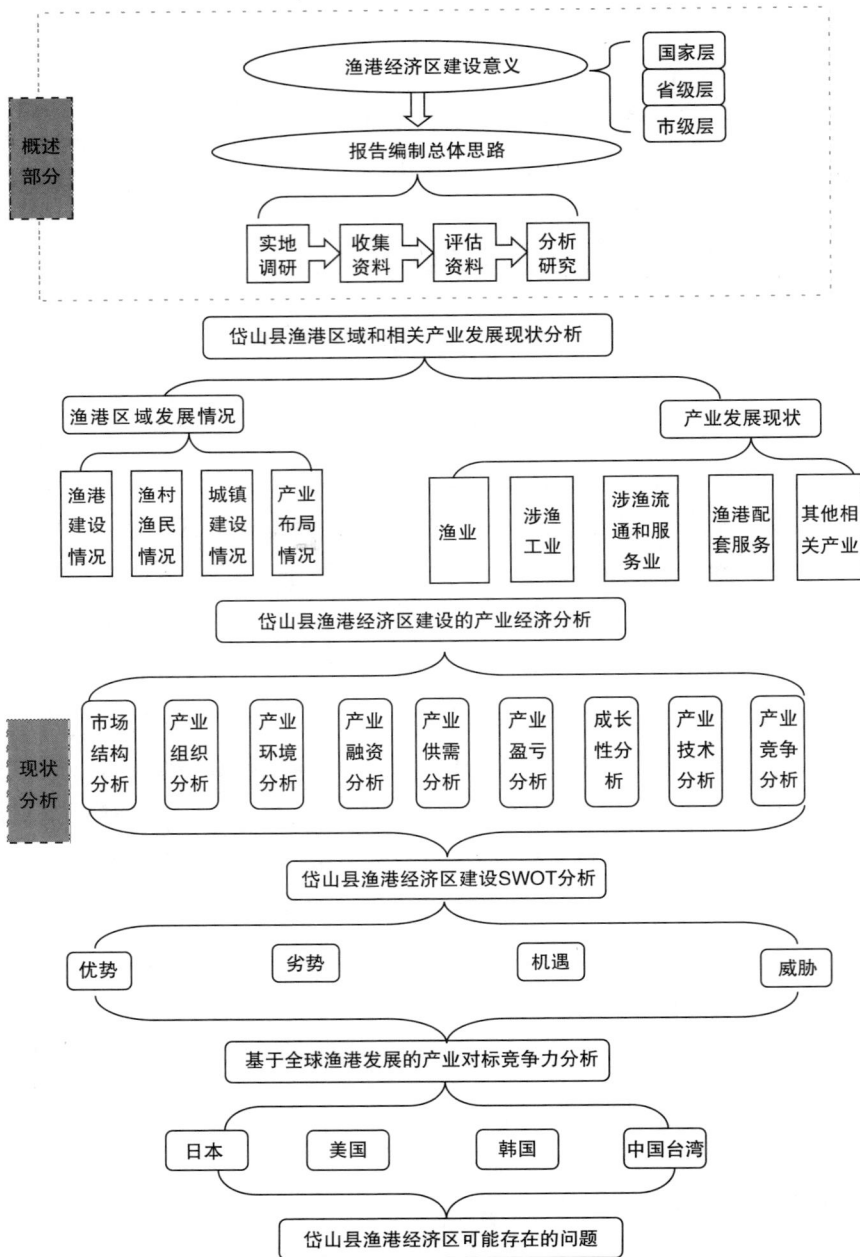

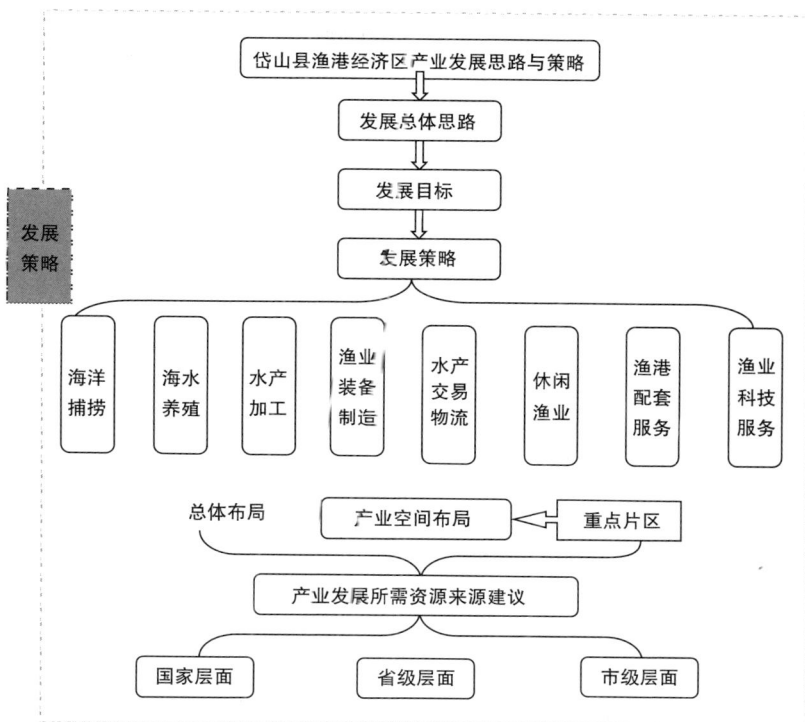

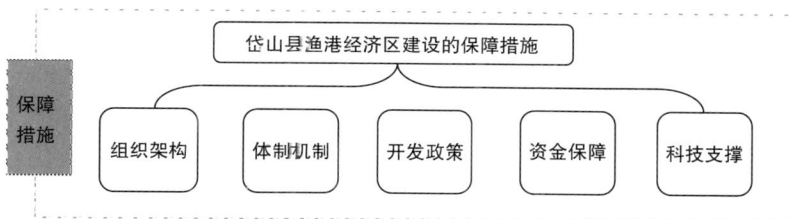

导图2. 岱山县渔港经济区产业发展研究报告编制的"三渔融合"理念

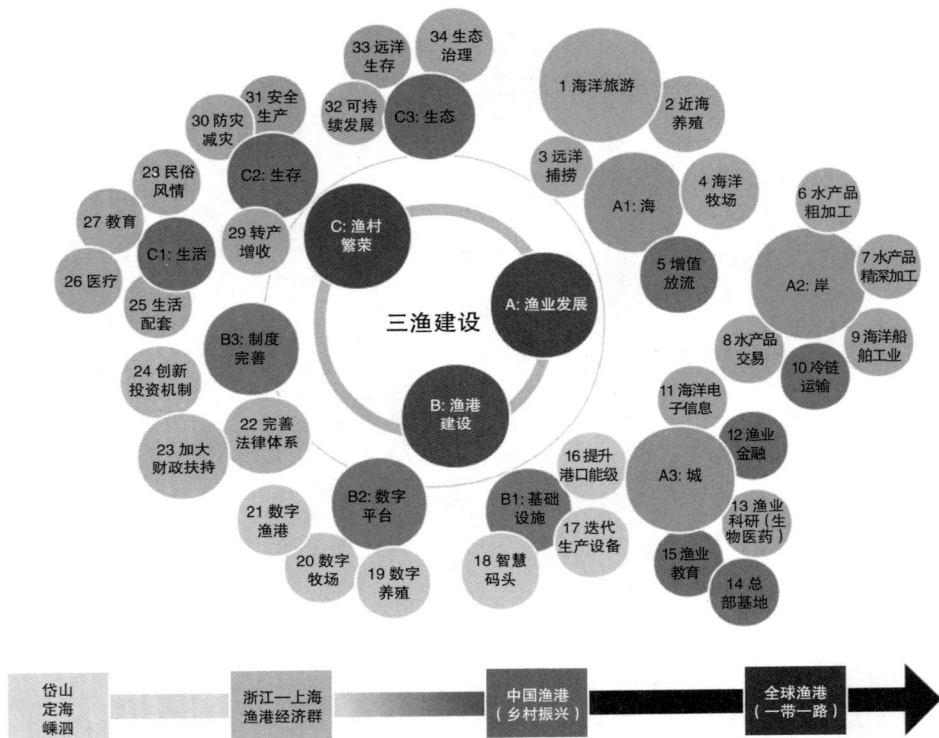

岱山定海嵊泗 → 浙江—上海渔港经济群 → 中国渔港（乡村振兴）→ 全球渔港（一带一路）

导图3. 岱山县渔港经济区产业发展总体思路

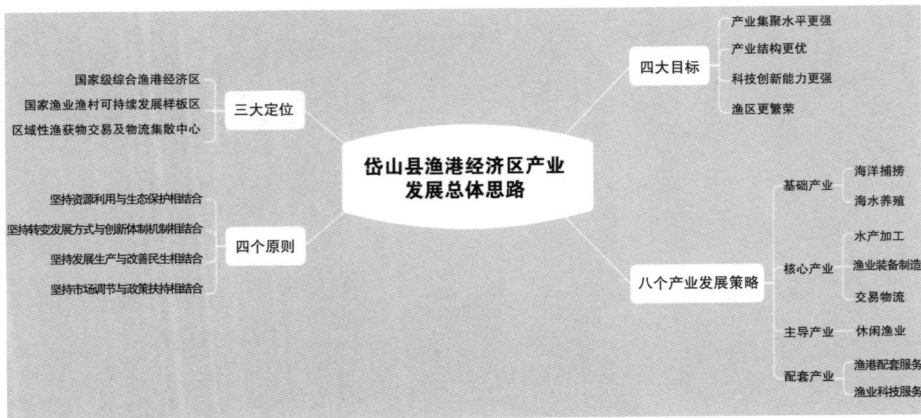

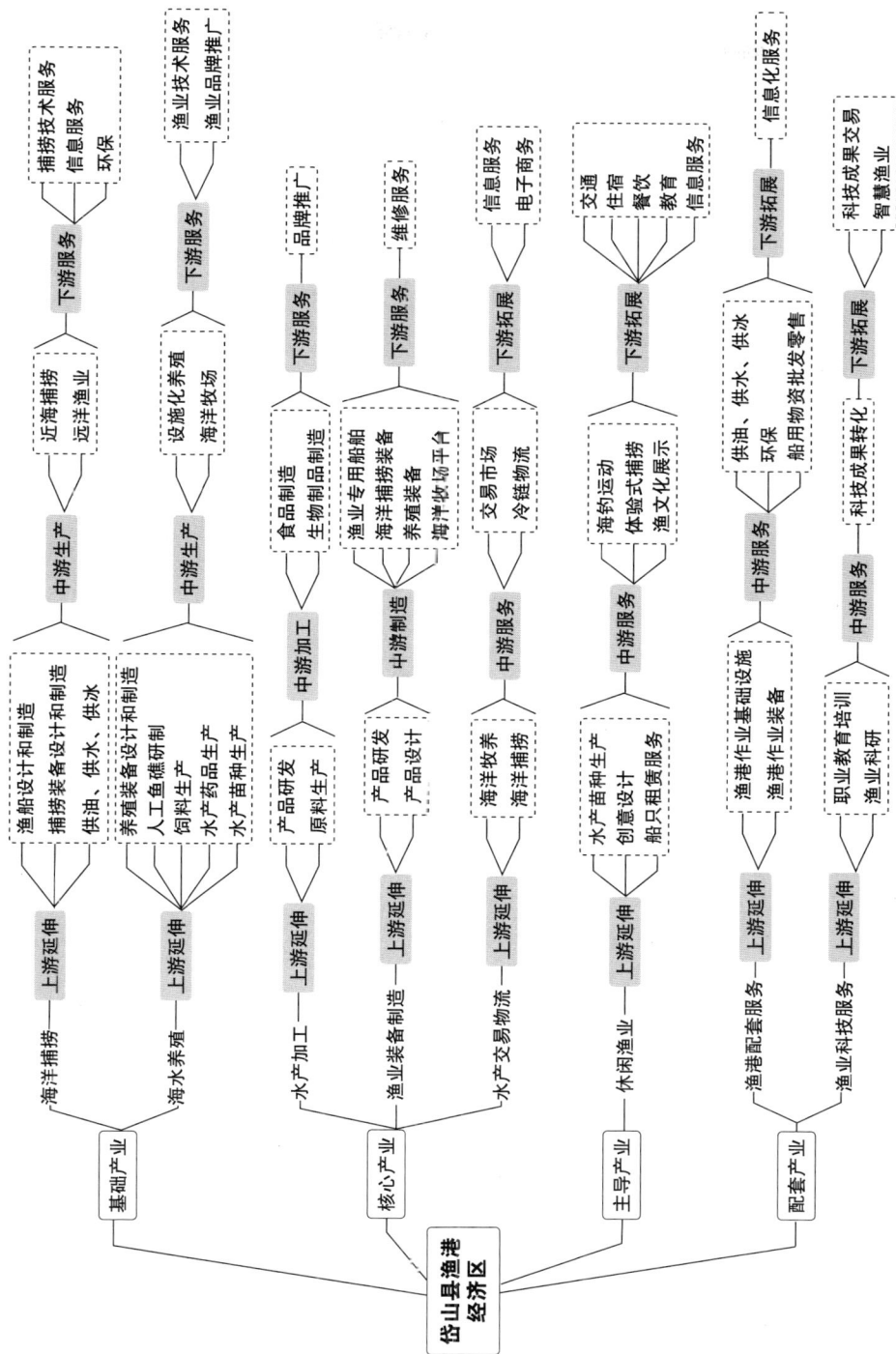

导图 4. 岱山县渔港经济区产业链示意图

岱山县渔港经济区

基础产业

海洋捕捞 —— 上游延伸：渔船设计和制造、捕捞装备设计和制造、供油、供水、供冰 —— 中游生产：近海捕捞、远洋渔业 —— 下游服务：捕捞技术服务、信息服务、环保

海水养殖 —— 上游延伸：养殖装备设计和制造、人工鱼礁生产、饲料生产、水产药品生产、水产苗种生产 —— 中游生产：设施化养殖、海洋牧场 —— 下游服务：渔业技术服务推广、渔业品牌推广

核心产业

水产加工 —— 上游延伸：产品研发、原料生产 —— 中游加工：食品制造、生物制品制造 —— 下游服务：品牌推广

渔业装备制造 —— 上游延伸：产品设计、产品研发 —— 中游制造：渔业专用船舶、海洋捕捞装备、养殖装备、海洋牧场平台 —— 下游服务：维修服务

水产交易物流 —— 上游延伸：海洋收养、海洋捕捞 —— 中游服务：交易市场、冷链物流 —— 下游拓展：信息服务、电子商务

主导产业

休闲渔业 —— 上游延伸：水产苗种生产、创意设计、船只租赁服务 —— 中游服务：海钓运动、体验式捕捞、渔文化展示 —— 下游拓展：交通、住宿、餐饮、教育、信息服务

配套产业

渔港配套服务 —— 上游延伸：渔港作业基础设施、渔港作业装备 —— 中游服务：供油、供水、供冰、环保、船用物资批发零售 —— 下游拓展：信息化服务

渔业科技服务 —— 上游延伸：职业教育培训、渔业科研 —— 中游服务：科技成果转化 —— 下游拓展：科技成果交易、智慧渔业

5

导图 5. 岱山县渔港经济区产业发展研究分析方法

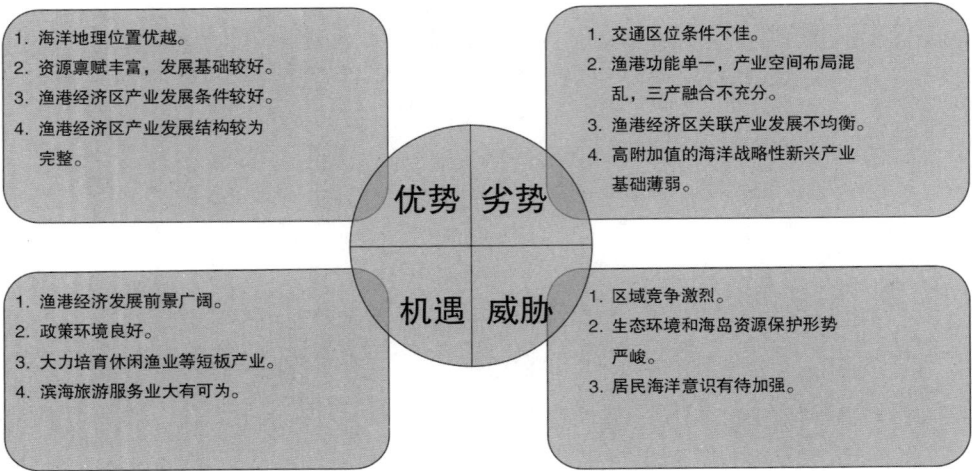

1. 海洋地理位置优越。
2. 资源禀赋丰富，发展基础较好。
3. 渔港经济区产业发展条件较好。
4. 渔港经济区产业发展结构较为完整。

1. 交通区位条件不佳。
2. 渔港功能单一，产业空间布局混乱，三产融合不充分。
3. 渔港经济区关联产业发展不均衡。
4. 高附加值的海洋战略性新兴产业基础薄弱。

优势 劣势

机遇 威胁

1. 渔港经济发展前景广阔。
2. 政策环境良好。
3. 大力培育休闲渔业等短板产业。
4. 滨海旅游服务业大有可为。

1. 区域竞争激烈。
2. 生态环境和海岛资源保护形势严峻。
3. 居民海洋意识有待加强。

Contents
目　录

第 1 章　概述

1.1 渔港经济区建设的重要意义

1.1.1 建设渔港经济区是落实国家乡村振兴战略的有效途径

乡村振兴战略的实施，是党的十九大所确立的重大政策方向，它对于全面构建小康社会以及社会主义现代化国家具有深远的历史意义。这一战略在新时代的"三农"工作中扮演着至关重要的角色。在这一大背景下，渔业和渔村经济面临着重大的发展契机。渔港经济区的建设，将为推动城乡协调发展、实施乡村振兴战略提供坚实支撑。

通过渔港经济区的建设，我们可以提升渔业的供给品质和竞争力，进一步推动渔业供给侧结构性改革，持续激发发展活力，并促进渔业的一二三产业实现深度融合，最终达到产业繁荣的目标。此外，渔港经济区的建设还将助力打造美丽的渔村，实现渔区的生态宜居和文化传承，推动休闲渔业和渔旅产业的融合发展。

1.1.2 建设渔港经济区是落实我省重大战略任务的创新之举

海洋对于浙江省来说，既是潜力的源泉，又是希望的象征，更是独特的优势。长久以来，浙江省委和省政府一直将海洋经济视为发展的关键，2011 年，《浙江海洋经济发展示范区规划》获得了国务院的正式批准，从而使浙江的海洋经济发展策略升级为国家战略，并在全省范围内全面启动。2017 年，为了响应十九大提出的"坚持陆海统筹，加快建设海洋强国"的重大战略指导，浙江省委和省政府全面推动了"5211"海洋强省行动计划。同年6月，在浙江省第十四次党代会的报告中，省委提出了实施"大湾区"建设的行动纲要，旨在加强省内主要湾区的互联互通，推动沿海大平台的深度开发，以及大力发展湾区经济。

岱山县位于浙江省舟山群岛新区的中心，是全国十二个海岛县之一。它背靠着沪、杭、甬等长三角都市区，是《浙江海洋经济发展示范区规划》中确定的"核心区"的重要组成部分。为了与浙江省海洋经济发展示范区的建设相衔接，岱山县规划了以岱山本岛核心发展区为中心，辅以衢山港航物流试验区、长涂临港产业综合区、秀山休闲度假旅游区和大鱼山清洁能源区为四个主要区域的发展蓝图，构建了"一核四片"的海洋经济空间格局。渔港经济区的建设将充分利用该地区的海洋资源和地理优势，有效推动港口、产业和城市的深度融合发展，提升海洋渔业、海洋生物产业和滨海旅游业等海洋经济的规模和效益，同时提高对海洋的综合管理能力，以满足浙江省重大战略任务的需求。

1.1.3　建设渔港经济区有利于推进渔业供给侧结构性改革

渔业作为一个对资源环境深度依赖的产业，当前正面临发展方式过于粗放、效益逐渐下滑、捕捞能力超出需求、渔业资源日益减少以及资源环境压力持续加大等多重难题，这使得渔业的可持续发展遭遇了前所未有的挑战。在这样的背景下，构建渔港经济区显得尤为重要。通过完善渔港的基础设施建设及提升基本服务功能，同时大力发展水产品加工、冷链物流、市场交易等渔区的第二、三产业，能够进一步延伸渔业产业链，这也是促进渔业供给侧结构性改革和产业融合的有力手段。这样的举措可以为减少捕捞船只、提高海洋捕捞的效益提供新的解决路径，从而缓解过度捕捞给资源、环境及产品质量安全带来的巨大压力，并为现代渔业的发展难题提供解决方案。

借助渔港经济区的平台效应，可以吸引和集聚各类生产要素，并对其进行合理布局，以促进渔民的职业转型，推动渔业的整体升级。在当前经济发展的新常态下，这无疑是加快渔业转型、调整结构的重要手段和战略方向。对于岱山县而言，渔港经济区的建设将为其渔业发展注入新的活力，同时也有望使浙江的渔业转型在全国范围内继续发挥其引领和示范作用。

1.1.4　建设渔港经济区有利于提升渔业渔区生态文明程度

以渔港经济区为平台和载体，有效利用智慧渔港全面提升渔业渔区管理的信息化水平，促进"依港管港、依港管船、依港管鱼、依港管人"，将有力推动渔业科学管理，提升渔业渔区生态文明程度。通过渔港经济区规划建设，推进渔港设施建设与升级改造，完善港区给排水、环境卫生与污染物处置等各项配套设施服务功能，减少渔业生产对海洋环境污染，建设生态渔港、绿色渔港和节能渔港。通过渔港经济区建设，试点开展渔获物定港上岸、渔获物可追溯等管理制度，将增强海洋资源与生态环境保障能力。渔港经济区建设将有利于深入推进浙江渔场修复振兴，切实落实"一打三整治"专项执法、减船转产等工作要求，推进海洋牧场建设，全面提升渔业渔区生态文明程度。

1.2　报告编制依据

1.2.1　国家层面的法律法规政策等文件

1.《中华人民共和国海域使用管理法》（2002 年）；

2.《中华人民共和国农产品质量安全法》（2006 年）；

3.《中华人民共和国海岛保护法》（2009 年）；

4.《全国海洋功能区划（2011—2020 年）》（2012 年）；

5.《农业部关于促进休闲渔业持续健康发展的意见》（2012 年）；

6.《中华人民共和国渔业法》（2013 年）；

7.《国务院关于促进海洋渔业持续健康发展的若干意见》（2013 年）；

8.《全国农业可持续发展规划（2015—2030 年）》（2015 年）；

9.《国务院办公厅关于推进农村一二三产业融合发展的指导意见》（2015 年）；

10.《国务院关于印发全国农业现代化规划（2016—2020 年）的通知》（2016 年）；

11.《中华人民共和国海洋环境保护法》（2016 年）；

12.《全国渔业发展第十三个五年规划（2016—2020 年）》（2016 年）；

13.《全国海洋经济发展"十三五"规划（2016—2020 年）》（2016 年）；

14.《农业部关于加快推进渔业转方式调结构的指导意见》（2016 年）；

15.《"十三五"全国远洋渔业发展规划（2016—2020 年）》（2017 年）；

16.《国家级海洋牧场示范区建设规划（2017—2025 年）》（2017 年）；

17.《中共中央国务院关于深入推进农业供给侧结构性改革加快培育农业农村发展新动能的若干意见》（2017 年）；

18.《关于开展休闲渔业品牌培育活动的通知》（2017 年）

19.《中共中央国务院关于实施乡村振兴战略的意见》（2018 年）；

20.《全国沿海渔港建设规划（2018—2025 年）》（2018 年）；

21. 农业部办公厅《关于印发渔港升级改造和整治维护规划》的通知（2018 年）；

22. 关于印发《国家质量兴农战略规划（2018—2022 年）》的通知（2019 年）；

23. 农业农村部等十部委《关于加快推进水产养殖业绿色发展的意见》（2019 年）；

24. 农业农村部办公厅《关于组织开展渔获物定点上岸渔港申报工作的通知》（2019 年）；

25. 农业农村部办公厅关于印发《国家级海洋牧场示范区管理工作规范》的通知（2019 年）。

1.2.2 省级法规政策规划等文件

1.《浙江省休闲渔业船舶管理办法》（2003 年）；

2.《浙江省沿海标准渔港布局与建设规划（2007—2020 年）》（2008 年）；

3.《浙江省海洋功能区划（2011—2020 年）》（2011 年）；

4.《中共浙江省委浙江省人民政府关于加快发展海洋经济的若干意见》（2011 年）；

5.《浙江省海洋经济发展示范区规划》（2011 年）；

6.《浙江省海域使用管理条例》（2013 年）；

7.《浙江省现代生态渔业发展规划编制导则》（试行）（2014 年）；

8.《中共浙江省委浙江省人民政府关于修复振兴浙江渔场的若干意见》（2014 年）；

9.《浙江省渔业管理条例》（2015 年）；

10. 浙江省人民政府《关于加快特色小镇规划建设的指导意见》（2015 年）；

11.《浙江省渔业转型升级"十三五"规划（2016—2020 年）》（2016 年）；

12.《浙江省国民经济和社会发展第十三个五年规划纲要（2016—2020 年）》（2016 年）；

13.《浙江省渔港和渔船避风锚地建设"十三五"规划（2016—2020）》（2016 年）；

14.《浙江省海洋港口发展"十三五"规划》（2016 年）；

15.《浙江省人民政府办公厅关于加快转变农业发展方式的若干意见》2016 年）；

16.《浙江省渔业转型发展先行区培育创建工作实施方案》（2016 年）；

17.《关于深化农业供给侧结构性改革加快农业农村转型发展的实施意见》（2017 年）；

18.《浙江省海洋与渔业局关于休闲渔业船舶管理若干规定的通知》（2017 年）；

19.《浙江省现代海洋产业发展规划（2017—2022）》（2017 年）；

20.《浙江省人民政府关于加快建设海洋强省国际强港的若干意见》（2017 年）；

21.《浙江省人民政府办公厅关于印发浙江省海洋生态建设示范区创建实施方案的通知》（2017 年）；

22.《浙江省海洋与渔业局关于加强海岸线保护与利用管理的意见》（2018 年）；

23.《浙江省人民政府办公厅关于加强渔港建设管理推进渔港经济区建设的意见》（2018 年）；

24.《浙江省人民政府关于推进渔港建设与综合管理改革的若干意见》（2018 年）；

25.《全面实施乡村振兴战略高水平推进农业农村现代化行动计划（2018—2022 年）》（2018 年）；

26.《浙江省乡村振兴战略规划（2018—2022 年）》（2019 年）；

27.《浙江省农业农村厅关于进一步推进渔港经济区建设规划编制的通知》（2019 年）；

28.《浙江省海岛大花园建设规划（2019—2025）》（2019 年）。

1.2.3　市（县）区政策规划等文件

1.《浙江舟山群岛新区（城市）总体规划（2012—2030）》；

2.《舟山市海洋牧场建设规划（2015—2025）》；

3.《岱山县乡村振兴战略规划》；

4.《舟山市岱山县美丽乡村升级版建设总体规划（2017—2021）》。

第 2 章　基础分析

2.1 自然条件和经济社会发展情况

2.1.1 区位条件

岱山县，位于舟山群岛的中部，恰好处于长江和钱塘江的入海处，东邻广阔的太平洋，西接杭州湾的喇叭口，南靠定海和普陀，北连嵊泗列岛。由于其独特的地理位置，岱山成为长江流域和长江三角洲对外开放的重要海上门户和通道。岱山港距离上海国际航运中心的洋山港仅10多海里，因此也被视为上海国际航运中心集装箱枢纽港的重要后备港口。

近年来，随着宁波舟山港主通道、甬舟铁路、秀山大桥等一系列重大交通工程的推进，以及宁波舟山港的实质性一体化进程的加快，岱山县在区域综合交通格局中的地位有了显著提升。未来，岱山将实现陆岛交通的大跨越，沪舟甬大通道也将贯穿其中，这将使岱山与周边的大中城市建立更为便捷的交通联系，进一步凸显其区位优势。

2.1.2 经济社会发展情况

岱山县，尽管陆地面积仅有326.5平方千米，但其海域面积却广阔达4916平方千米，全县总面积5242.5平方千米，是一个典型的海洋大县。凭借其得天独厚的地理位置和富饶的海洋资源，岱山县在经济社会发展上取得了显著成就。2018年，该县的地区生产总值达到了215.5亿元，同比增长7.0%。其中，第一产业、第二产业和第三产业的增加值分别为43.2亿元、81.6亿元和90.7亿元，增长率分别为 3.8%、7.2% 和 8.1%。三次产业的结构比例优化为 20.0∶37.9∶42.1。按户籍人口平均计算，人均地区生产总值高达 119461 元，约合 18053 美元，同比增长 8.8%。城镇和渔农村常住居民的人均可支配收入分别为 50300 元和 33600元，增长 8% 和 9%。

随着国家战略的推进，如自贸试验区、"一带一路"和长江经济带，以及浙江海洋经济示范区、舟山群岛新区、舟山江海联运服务中心和自由贸易港区的深入建设，岱山县已成为实施这些重大国家战略的重要支点，其在新区建设中的主阵地地位日益凸显。

作为浙江省的渔业重镇，岱山县充分利用其沿海地理优势，使海洋渔业得以持续快速发展，并成为当地经济的支柱性产业。2021 年之前，该县拥有 4 个渔业镇（街道），渔业人口达 58909 人，拥有海洋机动渔船 1933 艘，总功率为517516 千瓦。2018 年，岱山县的渔业总产值达到了 85.81 亿元；水产品总产量达 43.9 万吨，比上年增长 4.0%。其中，海洋捕捞产量为 33.57 万吨，同比下降5.5%，而海水养殖产量则大幅增长 57.8%，增至 9.28 万吨，淡水养殖产量为 0.61万吨，远洋渔业产量为 0.44 万吨。此外，衢山田涂和凉峙海钓中心分别荣获"国家级休闲渔业示范基地"和"省级休闲渔业精品基地"的称号。

2.1.3　海洋资源条件

1. 海岛资源。

岱山县海岛总面积 304.96 平方千米，海岛岸线总长度 806.86 千米，其中，有居民海岛 29 个，总面积 295.37 平方千米，岸线总长 532.1 千米，面积最大的岛屿是岱山岛；无居民海岛 542 个，面积合计 9.59 平方千米，岸线总长度274.76 千米，岛屿面积最大的是上川山岛，面积在 500 平方米以下的无居民海岛占到全县海岛总数的 36.78%。

2. 滩涂资源。

岱山县滩涂资源丰富，拥有滩涂资源总面积 238.75 平方千米，其中 –5 米至 –2米等深线滩涂面积为 136.26 平方千米，–2 米至 0 米等深线滩涂面积为 45.76 平方千米，0 米等深线以上滩涂面积为 56.73 平方千米。

3．深水岸线资源。

岱山县海岛岸线具有开发建设深水中转港口、深水航道和大型锚地的优良条件。海岛岸线总长约为 800 千米，其中水深超过 10 米、15 米、20 米的可利用岸线分别为 120.05 千米、78.05 千米和 24.5 千米，多数深水岸线还未得到充分利用。深水岸线资源主要分布在岱山岛、衢山岛及大、小长涂山岛。

4．海洋水文。

岱山海域表层多年平均水温在 17℃ ~19℃，盐度的变化和分布决定于以长江、钱塘江等的陆地径流为主形成的沿岸低盐水和以台湾暖流为主的外海高盐水的盛衰强弱。岱山海区为半日浅海潮流区，潮流较强，涨、落潮流向稳定，且与岸线平行。余流亦较强，岱山水道南部为不规则半日潮混合潮流。南北部风浪相当，北部稍大于南部。

5．海洋生物资源。

岱山海域辽阔，水质丰饶，气候适宜，饵料充足，孕育了丰富多样的海洋生物和渔业资源。岱山县内有岱衢洋、黄大洋、黄泽洋、灰鳖洋四大富饶的渔场，盛产各类鱼、虾、蟹、贝。在岱山的管辖海域内，主要的经济捕捞品种多达 40 余种，包括带鱼、黄鱼、墨鱼、鲳鱼、鳓鱼、马鲛鱼、海鳗、鲐参、马面鱼、石斑鱼、梭子蟹和各类虾等。岱山更是被誉为"岱衢族"大黄鱼的故乡，堪称中国东海的一座"活鱼库"，海产品年产量超过 30 万吨，是全国十大重点渔业县之一。

（1）浮游植物：岱山海域的浮游植物总量显著高于浙江其他海域，秋季的数量更是春季的 94 倍之多。春季三要种类有夜光藻、三角角藻、尖刺菱形藻和圆筛藻等，其中圆筛藻和夜光藻占据优势；而秋季则以骨条藻、根管藻、角刺藻和圆筛藻为主，骨条藻在其中占据绝对优势。

（2）浮游动物：春季浮游动物的分布呈现北低南高的趋势，且数量明显大于秋季。春季主要由桡足类构成，占比达 69.4%；而秋季平均湿重生物量则显著减少，桡足类占比下降至 52.1%。

（3）游泳动物：丰富的饵料生物资源为各种经济鱼类和虾类提供了理想的洄游和觅食场所。岱山县海洋生物种类繁多,是著名的"岱衢族"大黄鱼的故乡，共有游泳生物 369 种，包括 245 种鱼类、95 种甲壳类、16 种头足类等，主要的经济品种有带鱼、大黄鱼、小黄鱼等。

（4）底栖生物：岱山海域的底栖生物种类明显多于浙江中、南部海域，共有 206 种，以多毛类为主，甲壳类次之。平均生物量和生物密度春季高于秋季。

（5）潮间带生物：岱山潮间带生物种类繁多，共有 325 种，其中藻类 98 种、软体动物 97 种、甲壳动物 63 种等。这些生物主要分布在岩礁上，占比达 30.2%，其次是泥沙滩以及沙滩上。其分布特征为岩礁 > 泥沙滩 > 沙滩，远岸岛 > 近岸岛 > 沿岸岛，开敞海岸 > 屏蔽海岸。

（6）大型海藻：大型海藻的优势种和习见种丰富，包括石莼、浒苔、杉藻、节荚藻、鸡毛菜、小石花菜等。

6. 旅游资源。

岱山风景名胜区主要以壮丽的自然景观为主，涵盖了 72 处景点和各类景观，这些景点和景观被归类为 2 个大类、8 个中类以及 33 个小类。其中，45 处为自然景观，27 处为人文景观。主要的旅游景区有令人震撼的摩心山景区、美丽的鹿栏晴沙景区以及迷人的秀山景区等。

近年来，岱山的旅游业发展迅速，尤其在旅游目的地的宣传和营销方面取得了显著的进步。通过树立"大旅游、强营销"的理念，岱山旅游以舟山群岛海洋旅游综合改革试验区建设为跳板，采取多种措施并举的方式，全力进行营销，成功塑造了岱山旅游的品牌形象。节庆活动已经成为岱山旅游推广的重要途径，例如岱山听海季、国际海岛运动风筝邀请赛、休渔谢洋大典、海泥狂欢节以及东沙古镇弄堂节等活动都已经成为具有相当品牌影响力的节庆活动。主要的宣传客源市场集中在上海、宁波、杭州、江苏等地。

2.2　渔港基础设施建设

岱山县共有各类渔港 11 座，其中中心渔港 1 座（高亭镇高亭中心渔港）、一级渔港 2 座（衢山镇大衢一级渔港、长涂镇长涂一级渔港）、二级渔港 1 座（万良二级渔港）、三级渔港 4 座（秀山村秀山渔港、涨网套渔港、南峰渔港、东沙镇东道头渔港）、等级以下渔港 3 座（石子门渔港、西峰渔港、岱西镇双合渔港）。

2.2.1　中心渔港

高亭中心渔港是全国首批十三个列为国家级重点渔港的建设项目，也是舟山市最先命名的国家级中心渔港。岱山县高亭中心渔港位于岱山本岛东南侧，港区东起高亭江南山大桥，西至小峧山—水产品交易市场连线，南依横勒山—牛轭岛—官山—小峧山连线，北靠岱山本岛陆地，122°13'1" E，30°13'50" N。高亭中心渔港是天然的避风良港，加之江南山—横勒山—高亭牛轭岛之间已建连岛大堤的掩护，渔船避风锚泊条件较好。

图 2-1　高亭中心渔港形势图

高亭中心渔港从 1993 年作为"八大兴岱工程"之一建设至今，其南向横勒山至牛轭岛之间防护工程已建成，形成陆域面积 120 万平方米、水域面积 750 平方米，拥有综合执法中心大楼 1000 平方米、护岸 7040 米、防波堤 148 米，渔港视频监控系统、水电等配套设施齐全，可容纳近 800 艘渔船，台风期间可安全避风渔船数约 600 艘。

图2-2　高亭中心渔港现状图一

图2-3　高亭中心渔港现状图二

图 2-4　高亭中心渔港现状图三

表 2-1　岱山中心渔港现状情况

序号	设施名称	单位	数量
1	陆域面积	万 m²	120
2	水域面积	万 m²	750
3	渔用岸线长度	m	7850
4	码头	m	1457
5	护岸	m	7040
6	防波堤	m	148

2.2.2　一级渔港

（1）长涂一级渔港位于小长涂岛，122°18'4"E，30°14'47"N。西隔岱山水道，与岱山岛相对，距高亭镇 10 千米，南北分别为黄大洋与岱衢洋海域。渔港水域为大小长涂岛之间狭长潮汐水道，呈 S 形。东口门朝东北向，进入口门后水道呈南北向，约 1.8 千米后水道转为东西向，往西约 4.8 千米后转为西南向。水道长约 7.8 千米，平均宽约 400 米，中段宽约 710 米。水域平均水深 15 米，最深处 38 米。渔港水域受到外海波浪影响很小，渔港区域整体处于冲淤平衡状态。

图 2-5　长涂一级渔港形势图

　　长涂渔港通过岱山县渔业船舶避风锚地升级改造项目实施后，现有码头 1013 米，系泊护岸 1360 米，避台指挥中心（兼临时安置房）1000 平方米，视频监控、水电设施、渔船进出锚地身份识别系统、锚地 LED 显示屏、水电等配套设施齐全。

图 2-6　长涂一级渔港现状图

表 2-2　长涂一级渔港现状情况

序号	设施名称	单位	数量
1	陆域面积	万 m²	2
2	水域面积	万 m²	200
3	渔用岸线长度	m	
4	码头	m	1013
5	护岸	m	1360
6	防波堤	m	

（2）大衢一级渔港位于大衢岛西侧，122°16'43''E，30°27'31''N，北面隔黄泽洋有嵊泗列岛和川湖列岛，南面隔岱衢洋有岱山岛、大小长涂岛，西向面对杭州湾。渔港的东侧水域受到大衢山本岛的陆域掩护，正南方向的波浪受到岱山岛、长涂岛，以及紧邻的琵琶栏岛掩护，西侧建有防波堤，渔船锚泊条件较好。

图 2-7　大衢一级渔港形势图

大衢渔港经过多年建设，水域、陆域配套设施日趋完善，现有防波堤 2100 米、码头 450 米，陆域有冷库 11 座、制冰厂 5 座、油库 2 座、网具厂 3 家，渔港监控、水电等配套设施齐全。大衢一级渔港预留北侧口门及南侧口门作为渔港内外水沙交换通道，南北口门之间由航道连接。

图 2-8　大衢一级渔港现状图一

图 2-9　大衢一级渔港现状图二

表 2-3 大衢一级渔港现状情况

序号	设施名称	单位	规格
1	陆域面积	万 m²	60
2	水域面积	万 m²	486
3	渔用岸线长度	m	3800
4	码头	m	450
5	护岸	m	3800
6	防波堤	m	2100

第 3 章　岱山县渔港
经济区相关产业分析

3.1 渔业经济发展现状

近年来，岱山县渔业经济整体发展平稳，2018 年达到 580959 万元，相较 2008 年增长比例达到 59.53%。产业转型升级不断取得新突破，2018 年渔业二、三产业产值占渔业经济总产值的比重达到 31.14%。如图 3-1 所示，岱山县渔业产业结构存在三产比例不均衡的问题，其中一产占比居高不下，水产加工、水产交易流通、休闲渔业等二、三产业基础相对薄弱。

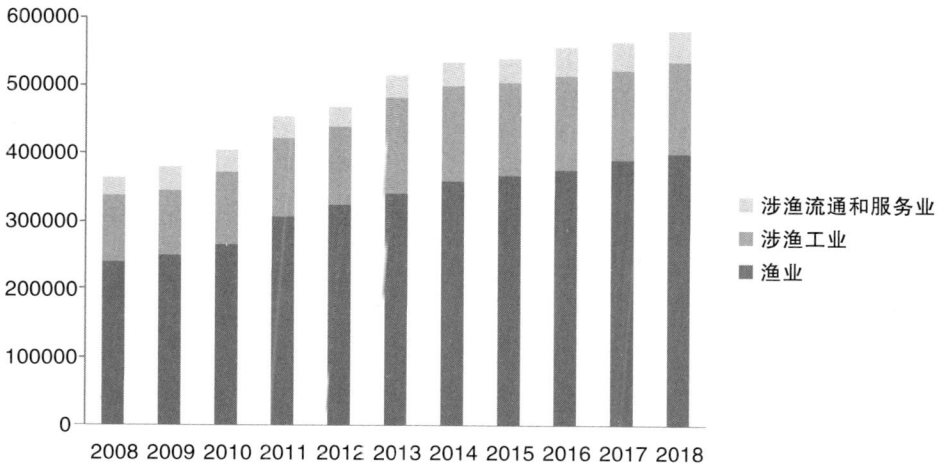

图 3-1　2008—2018 年度岱山县渔业经济各产业产值（万元）

岱山县 2021 年之前共有 4 个渔业乡镇、55 个渔业村、26 个渔业专业合作社（其中养殖合作社 5 个，加工合作社 4 个）。全县有渔业户 2.3 万户，渔业总人口 58909 人（其中海洋渔业人口为 58507 人），其中从事捕捞作业人口 12657 人，从事养殖作业人口 1165 人，从事水产加工作业人口 826 人，从事其他渔业作业人口 1512 人，兼业从业人员 191 人，临时从事人员 7915 人。

2018 年末全县拥有海洋捕捞渔船 1611 艘，总功率 371240 千瓦，实现海洋捕捞总产量 335745 吨，产值 336266 万元，其中远洋渔业产量为 4377 吨。2018 年实现海水养殖面积 988 公顷，产量 64671 吨。具体参见图 3-2。

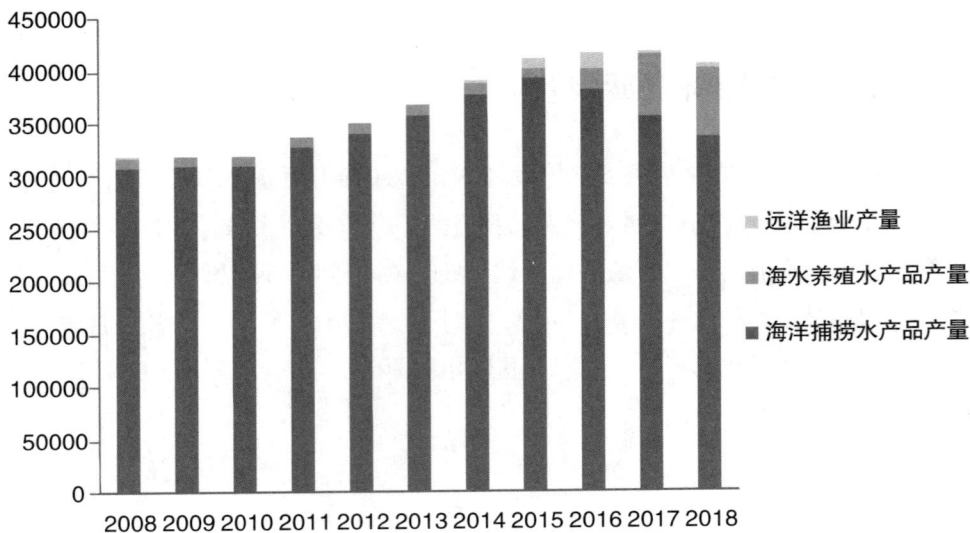

图 3-2　2008—2018 年度岱山县水产品总产量（吨）

岱山县渔业生产总体情况如表 3-1 所示，2018 年渔业经济总产值为 580959 万元，同比增长 2.93%，其中渔业总产值 400076 万元，同比增长 2.49%；涉渔工业总产值 134964 万元，同比增长 2.38%；涉渔流通和服务业总产值 45919 万元，同比增长 8.75%。2018 年水产品总产量 410863 吨，同比减少 2.66%；2018 年渔业人口数为 58909 人，同比减少 1.82%；2018 年水产养殖面积为 1076 公顷，同比增加 7.27%；2018 年机动渔船数量为 1933，同比减少 0.62%。

表 3-1　2018 年岱山县渔业生产总体情况

指标名称	2018 年	2017 年	同比增长（%）
渔业经济总产值（万元）	580959	564395	2.93
1. 渔业（万元）	400076	390348	2.49
其中：海水捕捞（万元）	336266	337503	−0.37
海水养殖（万元）	57154	42220	35.37
远洋渔业（万元）	1143	5982	−80.89
水产苗种（万元）	439	617	−28.85
2. 涉渔工业（万元）	134964	131823	2.38
其中：水产品加工（万元）	103465	102837	0.61
渔用机具修造	31336	27786	12.78
其中：渔船渔机修造	9894	9830	0.65
渔用绳网制造	21442	18956	13.11
渔用饲料	0	0	—
3. 涉渔流通和服务业（万元）	45919	42224	8.75
其中：休闲渔业（含餐饮）（万元）	3288	2743	19.87
休闲渔业年接待游客数量（人次）	648656	567617	14.28
水产流通	40118	37342	7.43
水产（仓储）运输	241	—	—
其他	2272	2139	6.22
水产品总产量（吨）	410863	422099	−2.66
海洋捕捞水产品产量（吨）	335745	355218	−5.48
海水养殖水产品产量（吨）	64671	58792	10.00
远洋渔业（吨）	4377	2307	89.73
渔业人口（人）	58909	59998	−1.82
渔业从业人员（人）	24266	24546	−1.14
水产养殖面积（公顷）	1076	1009	6.64
海水养殖（公顷）	988	921	7.27
机动渔船（艘）	1933	1945	−0.62
捕捞渔船（艘）	1611	1628	−1.04

3.1.1　渔业发展现状

1. 海洋捕捞，主要从产业规模、技术水平、产业组织形式三方面进行分析。

（1）产业规模。

岱山县海洋捕捞对象以近海渔业资源为主，2018 年共有捕捞渔船 1611 艘、捕捞辅助船 318 艘,捕捞总产值为 33.63 亿元。此外,岱山县还有渔业供油船 67 艘、涉渔工程船 4 艘、养殖船 5 艘。根据岱山县渔业统计年鉴显示，2018 年当地带鱼、鲳鱼、小黄鱼、海鳗、蓝圆鲹、白姑鱼、黄姑鱼等鱼类的捕捞量为 212117 吨，占海洋捕捞总量的 63.18%；毛虾、对虾、鹰爪虾、虾蛄等虾类的捕捞量为 34071 吨，占比 10.15%；梭子蟹的捕捞量为 80124 吨，占比 25.52%；乌贼、鱿鱼、章鱼等头足类的捕捞量为 3867 吨，占比 1.15%（见图 3-3）。除此之外，2018 年岱山县远洋捕捞渔船数量为 5 艘，总吨位为 2878 吨，总功率为 3188 千瓦，远洋渔业从业人员为 73 人，国外经营总收入为 176 万美元（盈利为 81 万美元），远洋捕捞水产品数量为 4377 吨（全为过洋性捕捞方式），远洋渔业总产值为 1143 万元（全是境外出售）。

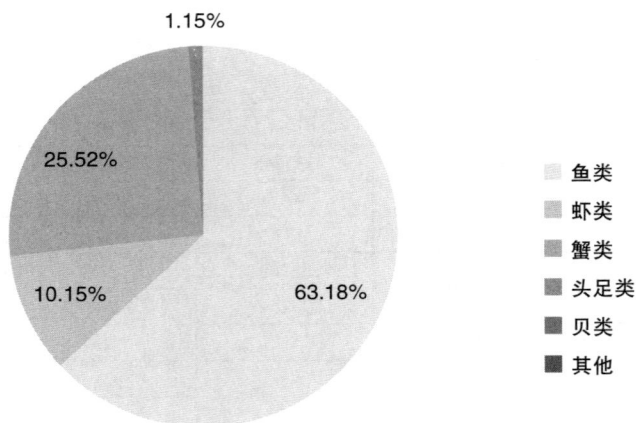

图 3-3　岱山县近海捕捞渔获物构成

（2）技术水平。

岱山县近海捕捞作业海域主要在东海海域和黄海海域，产量分别为 132862 吨和 202883 吨。近海捕捞作业方式有拖网、围网、刺网、张网和笼捕等，远洋渔业以过洋性渔业为主。如表 3-2 所示，拖网产量为 92790 吨,其中单拖 13075 吨，双拖 8225 吨，拖虾 71490 吨；围网产量为 22930 吨，全是灯光围网作业方式；刺网产量为 19756 吨，其中深水流网产量为 1513 吨；张网产量为 148718 吨，其中帆布网作业产量为 140673 吨，张网作业产量为 8045 吨；笼捕作业方式产量为 51551 吨。

表 3-2　2018 年岱山县近海捕捞生产情况

海洋捕捞作业方式	产量（吨）	捕捞渔船数量（艘）
拖网	52790	434
围网	22930	96
刺网	19756	158
张网	148718	676
笼捕	51551	246

（3）产业组织形式。

岱山县海洋捕捞作业生产多以个体经营的小规模生产方式为主，缺少大型渔业公司。2018 年，岱山县有捕捞渔船 1611 艘，其中 441 千瓦以上的捕捞渔船有 11 艘，184～440 千瓦的捕捞渔船有 1397 艘，44～183 千瓦的捕捞渔船有 51 艘，43 千瓦以下的捕捞渔船有 152 艘。根据作业类型分类，岱山县现有拖网捕捞渔船 434 艘、围网捕捞渔船 96 艘、刺网捕捞渔船 158 艘、张网捕捞渔船 676 艘、蟹笼捕捞船 246 艘、钓业捕捞船 1 艘（见表 3-2）。

2. 海水养殖，主要从产业规模、技术水平、主导养殖品种、重点企业四个方面进行论述分析。

（1）产业规模。

根据 2019 年度岱山县海水养殖工作汇报材料显示，全县共有渔业养殖面积 1.2 万余亩，其中大棚养殖面积 1271 亩，围塘养殖面积 11000 余亩，养殖从业人员 500 人左右。2018 年，岱山县海水养殖产量 64671 吨，按养殖方式分为海水池塘养殖、工厂化养殖和深水网箱养殖等 3 种。海水池塘养殖产量 62647 吨，占 96.87%；工厂化养殖产量 1889 吨，占 2.92%；深水网箱数量现有 8 只，养殖水体 13300m³，养殖产量 135 吨，占 0.21%。如图 3-4 所示。

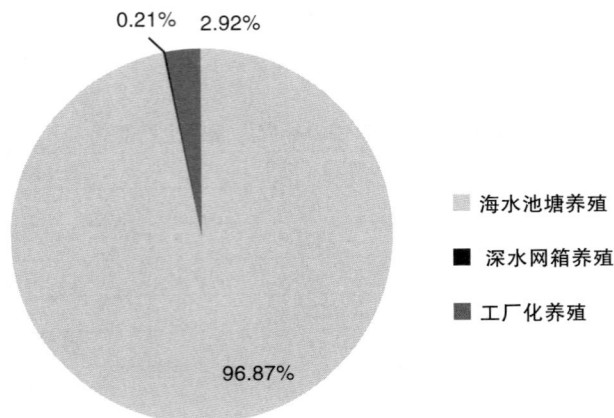

0.21%   2.92%

海水池塘养殖

深水网箱养殖

工厂化养殖

96.87%

图3-4   岱山县海水养殖方式构成

（2）技术水平。

岱山县在渔业技术方面取得了显著成就。目前，全县拥有4家省级现代渔业精品园，7家企业获得无公害认证，6家企业通过农业部水产健康养殖示范场认定，其中包括1家国家级和4家省级水产健康养殖示范场。为确保水产品质量安全，已建立10家"二维码"追溯点。

在品牌项目建设上，岱山县持续投入并取得了一系列成果。舟山蓝科海洋生物研究所的"岱衢族大黄鱼生态化产业培育与发展"项目经过2年建设，于2018年底完成，2019年3月顺利通过验收。舟山岱衢洋渔业有限公司的深水网箱建设项目也于2019年底完工。此外，2018年启动的3个市级资金养殖项目，包括室内循环水环保养殖项目、"珍珠龙胆"石斑鱼工厂化生态高效试养以及野生岱衢族大黄鱼采捕和种质更新项目，均已完成验收。

在科技创新方面，岱山县积极引入纳米管增氧模式。2019年初，岱山县恒舟水产养殖专业合作社和岱山县东沙镇宫门生岳水产养殖场率先进行了纳米管底增氧技术改造试点。与传统底增氧管道相比，纳米管增氧技术更有效地将底部有害气体带出水面，加速工厂化养殖塘底部氨、氮、亚硝酸盐、硫化氢的氧化，抑制有害微生物生长，从而改善养殖塘水质并减少养殖病害。采用这一技术后，两家养殖场的南美白对虾单亩产量从1500公斤提升至3000公斤，实现产量翻倍。

此外，岱山县还在3家养殖户开展了土塘虾、蟹混养的养殖模式试点，引入梭子蟹防残装置，提升单位亩产量。岱山县还不断优化室内循环水养殖模式。目前，岱山县共有室内循环水养殖企业 2 家，其中舟山市兴东水产养殖有限公司主要采用高位池循环水养殖模式养殖珍珠龙胆石斑鱼，2017 年开始试养，目前养殖技术已经成熟，市场效应初显；岱山县飞兵水产养殖场主要采用"蟹公寓"室内循环水养殖模式养殖梭子蟹，2017 年开始试养，经过两年不间断的试验，整体成活率从 30% 提高到现在的 70%，整体效益大幅度提高，为循环水养殖模式在岱山县大面积推广提供了技术支撑。

2019 年，岱山县已完成岱山县恒舟水产养殖专业合作社、岱山南锋水产养殖试验场、岱山县东升对虾养殖专业合作社和舟山市兴东水产养殖有限公司等 4 家养殖尾水治理示范点养殖尾水检测工作。2020 年新增岱山县民兴水产养殖场、岱西镇双合养殖场、岱山县秀山乡渔业专业合作社和岱山县大岐山水产养殖有限公司等 4 家养殖尾水治理单位，养殖面积共约 2000 亩，争取用一年时间完成该 4 家养殖单位养殖尾水的治理工作。

（3）主导养殖品种。

按养殖种类分：贝类年产 39753 吨，占比 61.47%，其中蛏年产 13511 吨、文蛤年产 13184 吨、泥蚶年产 6877 吨、毛蚶年产 2226 吨、螺年产 2590 吨；以南美白对虾为主的虾类年产 12969 吨，占比 20.05%；青蟹、梭子蟹等蟹类年产 9267 吨，占比 14.33%；大黄鱼、美国红鱼等海水鱼类年产 2532 吨，占比 3.92%；藻类年产 150 吨，占比 0.23%，主要品种为紫菜。如图 3-5 所示。

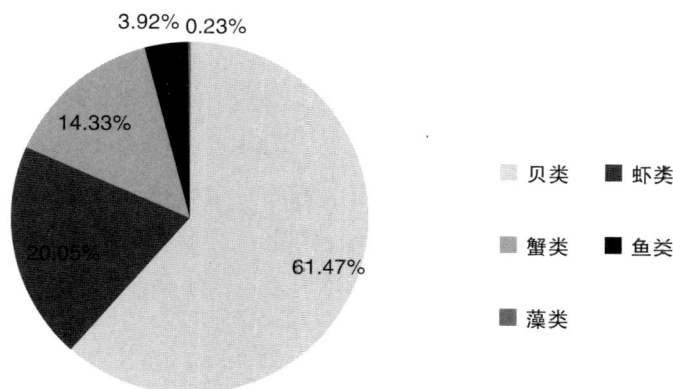

图 3-5　岱山县海水养殖品种构成

（4）重点企业。

全县各乡镇均有海水养殖，养殖面积前三位分别是东沙镇、高亭镇、长涂镇。全县共有各类大小养殖企业44家，其中拥有设施大棚养殖单位10家，均以养殖南美白对虾为主。

岱山县现有海水养殖龙头企业名单具体如下：

4家省级现代渔业精品园分别为：岱山县东升对虾养殖专业合作社、岱山县兴腾水产养殖有限公司、舟山市兴东水产养殖有限公司和岱山南锋水产养殖试验场。

7家取得无公害认证的企业分别为：岱山县兴腾水产养殖有限公司、舟山市兴东水产养殖有限公司、岱山南锋水产养殖有限公司、岱山县恒舟水产养殖专业合作社、岱山县渔耕碗水产品养殖专业合作社、舟山岱衢洋渔业有限公司和岱山县东沙水产养殖场。

6家通过农业农村部水产健康养殖场认定企业分别为：岱山县东沙水产养殖场、岱山县东升对虾养殖专业合作社、岱山南锋水产养殖试验场、岱山县兴腾水产养殖有限公司、舟山市兴东水产养殖有限公司和岱山县恒舟水产养殖专业合作社。

1家国家级水产健康养殖示范场企业：岱山县仙鹤潭水产养殖专业合作社。

4家省级水产健康养殖示范场企业分别为：岱山东海蓬莱水产养殖专业合作社、岱山县东沙镇宫门生岳水产养殖场、岱山县渔耕碗水产品养殖专业合作社、岱山县民兴水产养殖场。

10家水产品质量安全"二维码"追溯点分别为：岱山县东沙水产养殖场、岱山南锋水产养殖试验场、岱山县兴腾水产养殖有限公司、舟山岱衢族渔业有限公司、岱山县民兴水产养殖场、岱山县恒舟水产养殖专业合作社、舟山蓝科海洋生物研究所、岱山县渔耕碗水产品养殖专业合作社、舟山市兴东水产养殖有限公司和岱山东海蓬莱水产养殖专业合作社。

从表3-3中也可以看到部分海水养殖主体的具体养殖品种。

表 3-3 岱山县主要海水养殖主体

序号	地点	主体性质	主体名称	主要养殖品种
1	东沙镇	合作社	舟山市兴东水产养殖有限公司	
2	东沙镇	企业	岱山县兴腾水产养殖有限公司	南美白对虾
3	东沙镇	企业	岱山县农业海涂开发公司	梭子蟹、泥蛤、青蛤
4	东沙镇	企业	舟山三鑫水产养殖有限公司	梭子蟹、水白虾、竹节虾
5	东沙镇	企业	岱山县东沙镇宫门生岳水产养殖场	南美白对虾
6	高亭镇	企业	岱山县大峧山水产养殖有限公司	梭子蟹、文蛤、水白虾
7	高亭镇	其他	官山村养殖场	梭子蟹、水白虾、贝类
8	东沙镇	合作社	岱山县兴丰水白虾养殖专业合作社	
9	岱东镇	企业	岱山县民兴水产养殖场	
10	岱西镇	企业	岱山县南畚斗淡水水产养殖有限公司	南美白对虾、罗氏沼虾
11	岱东镇	企业	岱山县涂口水产养殖专业合作社	南美白对虾
12	长涂镇	合作社	岱山县东海蓬莱水产养殖专业合作社	
13	长涂镇	企业	岱山县仙鹤潭水产养殖专业合作社	南美白对虾、贝类
14	岱东镇	企业	岱山县民兴水产养殖场	南美白对虾
15	秀山乡	规模户	郑永年养殖场	南美白对虾
16		规模户	沈忠权养殖场	南美白对虾
17	秀山乡	其他	秀北渔业专业合作社	虾、贝、蟹
18	衢山镇	企业	东升对虾养殖专业合作社	
19	高亭镇	企业	岱山县南锋水产养殖试验场	
20	东沙镇	企业	岱山县恒舟水产养殖专业合作社	南美白对虾
21	衢山镇	企业	岱山县衢山镇渔耕碗水产养殖专业合作社	
22	高亭镇	企业	舟山蓝科海洋生物研究所	
23	衢山镇	规模户	衢山镇万良养殖场	南美白对虾、梭子蟹
24	衢山镇	规模户	衢山镇四平养殖场	虾、贝、蟹
25	东沙镇	企业	岱山双龙水产品有限公司育苗厂	
26	秀山乡	企业	岱山县大海洋生态渔业有限公司	
27	长涂镇	其他	东剑养殖场	虾、蟹、贝
28	长涂镇	其他	外达昆养殖场	虾、蟹、贝
29	长涂镇	其他	沙埕养殖场	虾、蟹、贝
30	岱西镇	其他	青黑山养殖场	虾、蟹、贝
31	东沙镇	企业	岱山县兴腾水产养殖有限公司	
32	长涂镇	企业	舟山岱衢洋渔业有限公司	大黄鱼网箱养殖

3. 海洋生物育种。

养殖苗种是基础，实现良种化是增产、增效的关键，在其他条件不变的情况下，使用优良品种可显著提高产量和效益。要采取有效措施，尽快实现养殖生产的良种化。为了保证苗种的质量，必须实行标准化生产，育苗生产全过程严格按规定标准执行；苗种出售前实施检疫制度；实施育苗人员上岗证制度，按要求建立生产档案，完善各项生产制度。

现从产业规模和重点企业两方面进行论述分析。

（1）产业规模。

如图3-6所示，近几年，岱山县海洋生物育种产业规模波动较大，2014年的产值为87万元，2015年的产值为3788万元，2016年的产值为1233万元，2017年的产值为617万元，2018年的产值为439万元。产值波动最大原因在于鳗鱼鱼苗捕捞减少和当地苗种市场供需变动。

单位：万元

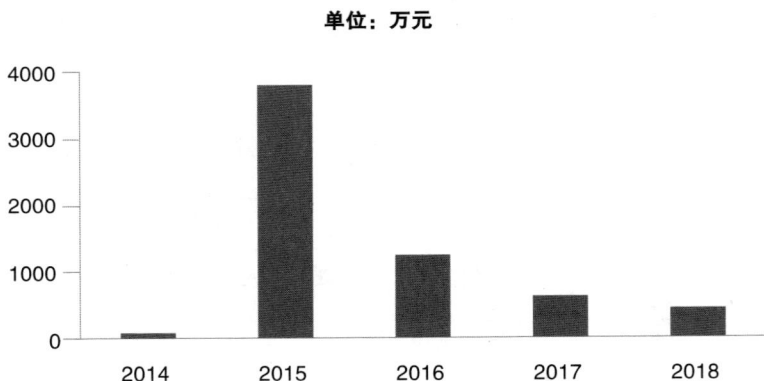

图3-6 岱山县海洋生物育种产业规模

根据表3-4中2018年度和2015年度岱山县渔业统计年鉴显示，2018年岱山县的海洋生物育种品种主要是大黄鱼，年度育苗达200万尾规模，比2015年减少68.60%。此外，还有4亿尾南美白对虾育苗量、7万粒贝类育苗量和4万只梭子蟹育苗量，以及79公斤的鳗苗捕捞量（比2015年减少61.08%）。相比前几年水产苗种产值较高时，主要在于减少了鳗鱼鱼苗捕捞和大黄鱼育苗数量，因此极大影响了当地海洋生物育种产值规模。

表 3-4　2018 年和 2015 年岱山县主要水产苗种

指标	单位	2018 年	2015 年	增减（％）
大黄鱼鱼苗	万尾	200	637	-68.60
虾类育苗	亿尾	4	2	100.00
贝类育苗	万粒	7	5	40.00
梭子蟹育苗	万只	4	3	33.33
鳗苗捕捞	公斤	79	203	-61.08

（2）重点企业。

近年来，岱山县涌现出一批自营自育的育苗企业，主要以育苗岱衢族大黄鱼的舟山蓝科海洋生物研究所、育苗日本对虾的舟山市兴东水产养殖有限公司和育苗梭子蟹的岱山县民兴水产养殖场等 3 家育苗场为代表。这批自培自育的育苗企业的出现不但确保了岱山县水产苗种质量可控可追溯，同时也填补了岱山县苗种自培育市场的空缺。

3.1.2　涉渔工业发展现状

2018 年，岱山县涉渔工业持续平稳发展，实现涉渔工业总产出 13.50 亿元，其中水产品加工 10.35 亿元，占比 76.67％；渔用机具修造 3.13 亿元，占比 23.19％。渔用机具修造包括渔船渔机修造 9894 万元，占比为 7.33％；渔用绳网制造 2.14 亿元，占比 15.85％。

1. 水产品加工。

表 3-5　2018 年岱山县水产品加工情况

指标	单位	2018 年
一、水产加工企业	个	57
水产加工能力	吨／年	105656
其中：规上企业数	个	8
二、水产冷库	座	42
冻结能力	吨／日	1166
冷藏能力	吨／次	4143
制冰能力	吨／日	666
三、水产加工品总量	吨	45592
淡水加工产品	吨	0
海水加工产品	吨	45592

指标	单位	2018 年
1. 水产品冷冻	吨	40869
其中：冷冻品	吨	5392
冷冻加工品	吨	35477
2. 鱼糜制品及干腌制品	存	1871
其中：鱼糜制品	吨	1871
干腌制品	吨	0
3. 罐制品	吨	213
4. 鱼粉	吨	2559
5. 其他水产加工品	吨	80
四、用于加工的水产品量	吨	50459
五、部分水产品年加工量	吨	218
对虾	吨	17
鳗鱼	吨	201

如表 3-5 所示，2018 年岱山县共有水产加工企业 57 家，水产加工能力为 105656 吨/年，其中规上企业数达 8 家。水产冷库共 42 座，冻结能力 1166 吨/日，冷藏能力 4143 吨/次，制冰能力 666 吨/日。水产品加工主要是海水加工产品，加工量为 45592 吨，其中冷冻产品为 5392 吨、冷冻加工品为 35477 吨、鱼糜制品 1871 吨、罐制品 213 吨、鱼粉 2559 吨、其他水产加工品 80 吨。

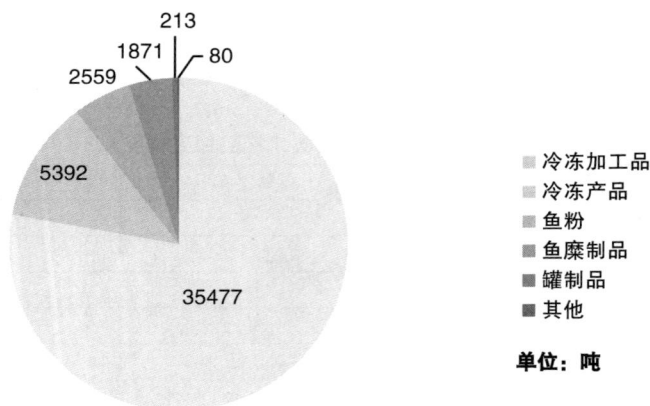

图 3-7　2018 年岱山县水产品加工产品类型

根据岱山县有关规划指出，随着岱山围绕"新区核心·魅力岱山"总体要求和"两区一城"发展定位,重点打造舟山群岛新区国际物流岛核心区域,建设大宗商品储运中转加工交易中心核心圈的产业发展布局。

从岱山县渔业统计年鉴中看到,岱山县当地水产加工行业的规上企业数共8家,但是具体企业状况和市场经营情况的资料缺失。根据表 3-6 岱山县经信局提供的资料显示,该局掌握了 2019 年度 5 家当地重点水产加工企业的数据,这 5 家企业中 4 家位于高亭,1 家位于衢山。年产值最高的是浙江舟富食品有限公司(年产值达 29838 万元)。

表 3-6　2019 年度岱山县重点水产加工企业年产值

序号	水产加工企业	乡镇	2019 年产值(万元)
1	舟山市双赢水产有限公司	高亭	5592
2	舟山市恒洋食品有限公司	高亭	8174
3	舟山市岱山县天益海洋鱼品有限公司	高亭	3008
4	浙江舟富食品有限公司	高亭	29838
5	岱山县通衢水产食品有限公司	衢山	2014

2. 渔用机具修造和渔用绳网制造。

2018 年,岱山县渔用机具修造产值为 3.13 亿元,同比增长 8.86%;渔船渔机修造产值为 0.99 亿元,同比增长 0.65%;渔用绳网制造产值为 2.14 亿元,同比增长 13.11%(见图 3-8)。发展态势总体平稳。

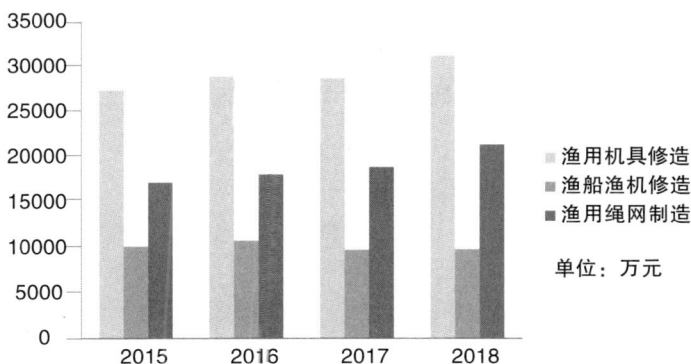

图 3-8　2015—2018 年岱山县渔用机具修造和渔用绳网制造产业规模

根据 2015 年岱山县海洋经济调查数据显示,岱山县共有海洋船舶工业企业

94 家，工业总产值为 278.08 亿元，其中民用船舶工业制造产值为 34.85 亿元、民用船舶修理及拆船产值为 5.67 亿元；造船完工 60 艘，造船完工量 2.5 万总吨；船舶修理完工量是 1908 艘。

渔机修造和渔用绳网制造企业的资料缺失，因此无法分析企业详情。根据表 3-7 岱山县经信局提供的资料显示，该局掌握了 2019 年度 11 家当地重点船舶企业的年产值数据，这 11 家企业之中，位于秀山的有 5 家，位于岱西的有 2 家，位于长涂的有 2 家，位于东沙的有 1 家，位于衢山的有 1 家。2019 年度年产值最高的是常石集团（舟山）造船有限公司，年产值达 34.71 亿元。

表 3-7　2019 年度岱山县部分重点船舶企业年产值

序号	船舶企业	乡镇	2019 年产值（万元）
1	舟山普斯耐驰船舶机械有限公司	东沙	2605
2	浙江友联修造船有限公司	衢山	73199
3	舟山市原野船舶修造有限公司	秀山	8211
4	常石集团（舟山）造船有限公司	秀山	347128
5	常石（舟山）铁工有限公司	秀山	16842
6	常石（岱山）船舶服务有限公司	秀山	9751
7	舟山惠生海洋工程有限公司	秀山	40062
8	舟山市和泰船舶修造有限公司	岱西	17142
9	舟山市隆立达船舶工程有限公司	岱西	9013
10	金海船务工程（舟山）股份有限公司	长涂	48560
11	金海智造股份有限公司	长涂	70457

3.1.3　涉渔流通和服务业发展现状

1. 休闲渔业。

根据表 3-8 中 2018 年度岱山县休闲渔业运营情况显示，2018 年岱山县休闲渔业拥有经营主体 8 个，从业人员 466 人，拥有大型休闲渔船 28 艘，人文景观景点 25 个，专业礁钓、船钓项目 20 个。岱山县拥有众多不同特色的休闲渔业，有以秀山岛为例的沙滩休闲渔业，有以岱山东部岛礁区、衢山三星岛附近岛屿、川湖列岛三大海钓区为例的海钓休闲渔业。岱山县东临大海，海洋捕捞业较为发达，加之垂钓娱乐活动快速发展和休闲旅游市场需求旺盛，使其发展城郊型休闲渔业潜力巨大。

岱山县 2020 年政府工作报告显示，已完成高亭中心渔港提升改造，建成衢山凉峙休闲渔业码头，更新休闲渔船 7 艘，改造科技示范船 49 艘。

表 3-8   2018 年度岱山县休闲渔业运营情况

指标	单位	2018 年
一、经营主体	个	8
二、从业人员	人	466
三、总投资	万元	5516
其中：涉渔设施投资	万元	2128
四、经营类型及规模		-
陆域面积	公顷	118
池塘面积	公顷	4
网箱面积	平方米	1350
休闲渔船	艘	28
休闲渔船	千瓦	2126
人文景观景点	个	25
专业礁钓、船钓项目	个	20
五、休闲渔业总产出	万元	3288
税后利润	万元	1543
六、接待游客人数	人	648656

近年来，舟山市和岱山县两级政府对休闲渔业的发展给予了高度重视。2018 年 1 月，舟山市政府组织全市休闲渔业大会，明确提出将休闲渔业作为渔业产业结构调整的重要方向，并出台《舟山市人民政府办公室关于加快推进休闲渔业转型升级的若干意见》，通过一系列措施推动休闲渔业的质量型发展。

岱山县积极响应这一政策，于 2018 年 1 月下旬开始，海洋与渔业局与旅游局联合进行调研和座谈，谋划休闲渔业的转型升级策略，并于 2019 年 12 月 6 日发布《岱山县加快推进休闲渔业转型升级实施方案》。该方案提出，结合国家绿色渔业实验基地建设和全县全域旅游示范县创建，将休闲渔业作为重要发展方向，通过规划引领、政策扶持、创新发展机制等措施，推进休闲渔业的质量型发展。

方案设定了明确的目标，到 2022 年，全县休闲渔业经济总产出达到 5 亿元，并创建一定数量的农业部"最美渔村"和各级休闲渔业示范基地。同时，方案提出优化休闲渔船的发展，重点发展南翼和北翼两个发展区，逐步淘汰老旧休闲渔船，鼓励建造新型材料的休闲渔船。

为丰富休闲渔业的发展模式，岱山县将围绕城乡一体化和新农村建设，结合渔业设施和渔业活动，发展多元化的现代休闲渔业。同时，将加大资源整合力度，加强品牌创建，打造生产标准化、服务集约化、功能多样化的现代休闲渔业产业。

在基础设施建设方面，方案提出合理布局休闲渔业码头，提升改造一批专用码头，并将休闲渔船泊位列入渔港发展规划。此外，结合"最美渔村"等项目，促进休闲渔业与旅游、文化等产业的深度融合，培育精品项目和综合体项目。

为改善经营主体结构，方案鼓励转产转业渔民、大学毕业生等参与休闲渔业经营，支持休闲渔业协会或相关企业提供服务，鼓励企业联合经营，实施规模化规范化管理。

此外，为实现这一目标，旅游部门与海洋与渔业局紧密合作，致力于将岱山的休闲渔业打造为一个知名的旅游品牌。具体的实施策略包括：

• 多样化休闲渔业形态：积极培育和发展多种休闲渔业模式，如休闲养殖垂钓、涉渔运动观光、渔区生产体验以及旅游综合配套等，以满足不同游客的需求。

• 树立典型示范：选择岱山南部的高亭和北部的后背岙作为休闲渔业的示范基地，通过这两个代表性项目展示岱山休闲渔业的魅力和潜力。

• 强化跨部门合作与管理：由于休闲渔业涉及旅游业、渔农业、服务业等多个领域和多个利益方，因此需要旅游部门与县海洋与渔业局紧密合作，共同确保休闲渔船的安全和管理。

• 融入整体发展规划：将休闲渔业的发展与舟山旅游岛建设、新渔农村建设以及美丽海岛建设相结合，使其成为这些更大项目的一部分。

• 明确区域划分与环境保护：科学划分休闲渔业和生产性商业渔业的区域，确保两者之间的和谐共存，同时严格保护近海的海洋环境和渔业资源。

• 提升设施与服务：不断完善和优化与休闲渔业相关的设施和服务，以确保游客的体验质量和满意度。

为实现这一目标，该规划提出了以下几个重点建设项目：

• 后背岙休闲渔业基地：该项目将结合游艇码头建设，致力于打造一个集海上各类休闲渔业和岸上休闲度假观光旅游于一体的综合性基地。该基地将具备多功能性、设备齐全、活动种类丰富、服务内容广泛等特点，以满足不同游客的需求，形成规模化的休闲渔业发展。

• 高亭休闲渔业基地：以高亭码头为核心，进行适当的改造和设施增建。其中包括建设用于海上观光钓鱼的游艇码头、渔人码头、海鲜美食广场、海钓俱乐部、海景公园以及儿童娱乐场等，为游客提供一站式的休闲渔业体验。

• 兰秀渔庄休闲渔业基地：利用现有的专业海水网箱养殖、围塘养殖基地及淡水养殖池塘，通过放养名贵海淡水鱼类，提升基地的档次和规模。该项目将主要开展以垂钓为主导的休闲渔业活动，同时集娱乐和餐饮于一体，为游客提供多样化的体验。

• 衢山冷峙、沙峙休闲渔业基地：充分利用观光休闲渔船和渔具设备，让游客在渔民的指导下直接参与近海传统捕捞作业，如张网、流网、拖虾、笼捕和海钓等。该项目旨在让游客亲身体验渔民生活，深入了解渔俗风情，从而丰富其旅游体验。

这些重点项目的建设将有助于岱山县实现传统渔业的转型升级，并推动当地经济的持续发展。

2. 水产交易流通服务业。

从表 3-9 中看到，岱山县水产流通产值 2016 年和 2017 年保持平稳，2016年比 2015 年增长显著，但 2018 年同比 2017 年增长 7.43%；岱山县水产（仓储）运输产值 2015 年达到 1053 万元，不过 2016 年和 2017 年无统计数据，2018 年降到 241 万元，比 2015 年下降 77.11%。2021 年之前岱山县的冷库保鲜、物流都有一定的基础，特别是捕捞海域到舟山、宁波的冷链技术，但由于交通条件，销到其他省市后品质受到一定的影响。

表 3-9　岱山县水产流通和运输情况分析

年份	水产流通（万元）	水产（仓储）运输（万元）
2015	30568	1053
2016	38061	0
2017	37342	0
2018	40118	241

全县目前只有岱山县水产品中心批发市场这一个水产品市场，该市场于2004年8月3日成立，经营范围包括一般经营项目：市场配套服务，水产品、渔需品、日用工业品销售，房地产开发及建筑施工（凭资质经营），船舶经纪等。根据图3-9数据显示，交易量和交易额从2017年到2018年均有增长态势，2018年该市场交易量为34650吨，交易额约达3.12亿元。

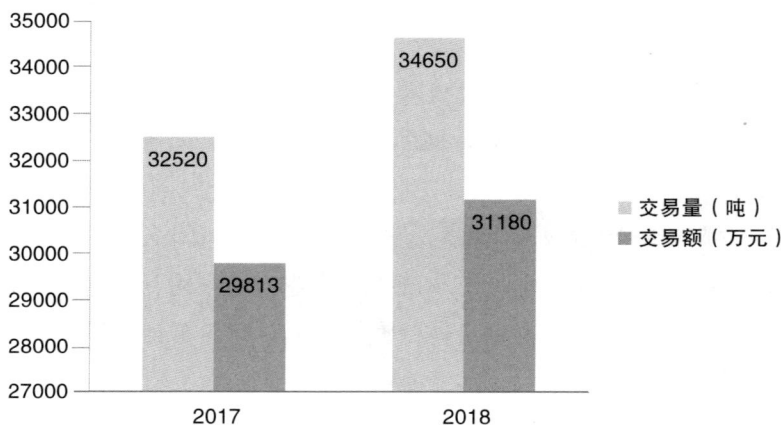

图3-9 岱山县水产交易市场情况

岱山县政府2020年度工作报告显示，全面推行"港长制"。鼓励发展"互联网+渔业"，完善"鱼通鲜""金银岛"等电商交易平台。2020年之前，岱山县已荣获"全省乡村振兴战略考核优秀县"。随着岱山围绕"新区核心·魅力岱山"总体要求和"两区一城"发展定位，重点打造舟山群岛新区国际物流岛核心区域，建设大宗商品储运中转加工交易中心核心圈的产业发展布局。

3.1.4 渔港配套服务产业

根据实地调查来看，在渔港周边分布有众多的制冰供冰点和供油点以及一个油污回收处理点，但是岱山县渔需物资供应补给等配套服务企业和相关产业2021年之前缺失市场主体信息、分布和产值规模等数据资料。

3.1.5　其他相关产业发展现状

根据岱山县提供的资料显示，渔港经济区其他相关产业 2021 年之前仅有滨海旅游业。诸如海洋生物医药等产业情况，未查找到相关资料。

岱山县政府 2020 年度工作报告显示，2019 年，岱山县海岛旅游蓬勃发展，全域旅游总体规划编制完成。东沙古镇跻身省级旅游风情小镇，秀山滑泥公园获评省级生态旅游区，新增 A 级景区村庄 5 个、省级精品民宿 3 家，丽都大酒店建成营业。海岬半程马拉松、国际风筝赛入选省重点培育品牌体育赛事，"非遗让古渔镇焕发新活力"入选文旅部十大优秀案例。全年旅游接待人数 746 万人次，实现旅游收入 106.8 亿元，分别增长 15.1% 和 15.4%。该报告还提出，积极开拓长三角旅游市场，主动承接普陀山溢出效应，推出旅游惠民季活动，加快打造长三角独具魅力的海岛休闲度假基地。发展全域旅游，按照"一岛一主题、一岛一特色"，规划建设岱山海岛公园，加快提升本岛东北部、秀山泥岛花乡、岱西双合石文化村、衢山观音山等核心景区，争创东沙古镇 AAAA 级景区，打造高品质民宿群落 2 个。开发海岛深度体验游，培育发展滨海度假、休闲渔业、体育运动、军事研学、观光游艇等旅游业态。

此外，岱山县还计划深化海洋文化强县建设，充分挖掘非遗文化、佛教文化、徐福文化和盐文化，大力推进文创产品、文艺作品创作，建成县旅游文创产品销售中心，新建文化礼堂 7 个。实施文体惠民工程，推动文化礼堂、城市书房、农家书屋"建管用育"一体化建设。引导社会资本进入文化产业领域，推动文化与科技、旅游深度融合发展，培育引进文化企业 3 家以上。积极承办省级文化体育活动，高质量举办海洋文化节、弄堂节、听海节等特色活动。

《岱山县旅游业发展"十三五"规划》中提出，岱山县将认真贯彻落实《国务院关于促进旅游业改革发展的若干意见》的精神，抓住舟山群岛新区上升为国家级新区和海洋旅游综合改革全面推进的战略机遇，适应经济发展新常态，突出海岛生态资源优势，以核心项目培育为抓手，以"旅游 +"为动力，促进体育、文化、城镇、乡村和旅游的有机融合，创新海洋旅游业态，推进市场开拓、服务质量提升和旅游公共服务体系建设，努力将岱山建设成为"长三角著名的海上休闲度假旅游目的地"。

该规划还提出，进一步促进旅游业持续健康发展，增强旅游业竞争实力，提高旅游业对国民经济的贡献。要从注重游客数量的扩张，逐渐向注重服务品质和综合效益的提升转型，特别是要优化游客结构、延长逗留时间以及增加人均消费。"十三五"期间，力争新增国家 AAAA 级景区 1 家，AAA 级景区 2～3 家；建成（开业）高星级酒店 4～5 家；培育海岛旅游特色示范村 2～3 个；培育特色民宿示范区 3～4 个；建成精品海岛民宿 30 家以上；在主要客源地开设旅游形象店 5 家。岱山县旅游业重点建设项目见表 3-10。

表 3-10　岱山县"十三五"期间重点旅游项目

项目级别	编号	项目名称	项目规模及内容	投资主体	"十三五"计划投资
核心项目	1	中国海岬公园	含滨海沿岸慢行步道、沿山健身登山步道、自行车驿站、自驾车营地、毛家岙主题度假酒店、费家岙康疗会所、小山（后背岙）休闲渔业基地、江窑湖特色民宿等项目	政府＋投资商	10 亿元
	2	东沙古镇	含文化创意区、滨海休闲区和古镇核心区重点区块	政府＋投资商	3 亿～5 亿元
	3	秀山特色小镇	含特色小镇核心区、中国海泥康体养生基地、秀山湿地公园等项目	政府＋投资商	50 亿～60 亿元
	4	海岛旅游示范带	含一轴、四区、多点。一轴：串联本岛各大旅游区的主轴线；四区：高亭渔港老城区、竹屿听涛新城区、东北部滨海旅游区、东沙古镇文化旅游区。多点：岱西休闲农业区、小宫门村、护国禅寺、双峰盐场、瀛洲湿地公园、岱山体育馆、灯塔博物馆、蓬莱公园、海盐博物馆等	政府	3 亿～5 亿元
核心项目	5	休闲渔业基地	重点打造后背岙休闲渔业基地，高亭休闲渔业基地，兰秀渔庄休闲渔业基地，衢山沙峙、冷峙休闲渔业基地	政府＋渔村	5000 万元

项目级别	编号	项目名称	项目规模及内容	投资主体	"十三五"计划投资
重点提升项目	1	凉峙东海风情渔村	含中心服务游憩区、渔村风情体验区、滨海沙滩运动区和岛则山生态观光区几个重点区块	政府＋投资商	5000 万元
	2	摩星山生态休闲区	含国家标准登山步道、金桂山庄、仙芝茶园食养山房、摩星山景区等项目	政府＋投资商	1000 万元
	3	燕窝山民宿集聚区	含燕窝山码头，燕窝山通景公路、海景平台及滨海栈道，燕窝山民宿等项目	政府＋投资商	10 亿元
	4	鹿栏运动旅游度假区	含鹿栏小镇、沙洋民宿集群、上船跳渔村、沙地农家乐、自驾车营地、大沙角码头等项目	投资商＋集体	10 亿元
	5	田湾滨海养生度假区	含徐福养生苑、海滨公园、田湾国际旅游度假区、田湾码头等项目	投资商	5 亿元
	6	双合石壁浪漫风情旅游区	含海誓山盟主题景区、海景房产、度假酒店、人工沙滩、海水泳池等项目，推进双合渔村石文化旅游特色村建设，打造休闲渔业和主题民宿等项目	投资商	1.6 亿元
	7	沙龙海滨旅游区	含海滨浴场、休闲中心、生态农业园、滨海渔村风情区（精品民宿）、星级酒店等项目	政府＋投资商＋村集体	1.5 亿元
	8	观音山佛教文化旅游区	含观音山礼佛主景区、静心禅修养生区、山海避暑度假区等重点区块	政府＋投资商	8000 万元
	9	三礁生态渔村（含旅游集散中心）	含三礁民宿集聚区、秀山海钓公园、旅游集散中心等重点区块	政府＋村集体＋投资商	6000 万元
	10	秀山深海温泉疗养基地	含儿童动感水上乐园、四季海浪池、深海温泉度假村、哗哓沙滩娱乐区等项目	投资商	1.5 亿元

下一步，岱山县计划做精做亮两岛旅游事业，具体包括：

1. 岱山中心旅游岛。

依托古镇文化、海岛生态、滨海沙滩等优势资源，围绕"两区一带"为骨架进行建设，"一带"即海岛旅游示范带，"两区"为东北部滨海旅游区和东沙古镇文化旅游区，逐步建成集海洋文化、海岛运动、观光体验、度假休闲于一体的海岛旅游目的地。

重点项目包括：

（1）海岛旅游示范带。

海岛旅游示范带串联了高亭码头—旅游集散中心—滨港路—石马衕—摩星山山顶—高亭—上船跳渔村—鹿栏晴沙—中国海岬公园—燕窝山—东沙古镇—林家村桃树湾农庄—海盐博物馆—摩星山景区等岱山本岛各大旅游节点，是岱山本岛的生态景观长廊、历史文化长廊、民生休闲长廊和产城融合长廊。

（2）东沙古镇文化旅游区。

依托百年东沙角的历史，深度挖掘非物质文化遗产，做大"东沙弄堂节"节庆品牌，引导业态逐步由观光向休闲转型，提升旅游休闲功能，尤其强化"夜东沙"品牌影响力，与岱山本岛东北部滨海旅游区形成日夜互补的产品格局，实现旅游产业的升级换代。

（3）岱山本岛东北部滨海旅游区。

以中国海岬公园为核心，包括燕窝山、鹿栏晴沙、田湾、上船跳等区域，突出海岬地貌、运动休闲、养生康体、渔村民宿四大主题，重点提升景区品牌，强化资源之间的整合，引导特色业态，五年内形成一定产业规模。中国海岬公园具备海岬的基本地形地貌，密集、丰富、完整，具有极强的观赏性、科普性、示范性，在海岛旅游类同的前提下，错位竞争，扬长避短，打造岱山的旅游拳头产品。重点项目包括：中国海岬公园、燕窝山民宿集聚区、鹿栏晴沙运动度假区、田湾滨海养生度假区、上船跳渔村。

2. 秀山生态休闲岛。

依托良好的生态资源，加快全景秀山打造，全力创建国家 AAAA 级景区。进一步加强旅游配套设施建设，重点提升旅游服务业的发展，将秀山岛开发建设成为生态休闲岛。重点推进"一心两翼"布局——"一心"指的是北浦旅游服务中心；"两翼"指的是东翼东部滨海生态休闲度假区（生态休闲旅游区、滨海度假旅游区、水上运动休闲区）和南部滨海休闲运动区（风情小镇、游艇俱乐部等），西翼湿地公园区（滑泥公园、水上乐园、海岛湿地等）。

重点项目有：

（1）秀山特色小镇。

按照浙江省特色小镇 3 平方千米范围的指标划定小镇建设范围，以西部湿地公园、海泥公园、镇区为核心，通过大能量级旅游项目的开发，努力把秀山小镇打造成集"吃、住、行、游、购、娱"于一体的旅游产业特色小镇。

（2）三礁生态渔村。

以打造舟山特色民宿群落为目标，着力引导渔农民转产转业，形成品牌和影响力。

（3）深海温泉疗养基地。

以前景君庭温泉度假酒店、深海温泉度假村、哗哓沙滩为核心资源，主打深海温泉品牌，着力打造四季疗养基地。

（4）秀山环岛健身游步道。

与"全景秀山"建设相结合，打造 35 千米长的环岛游步道，配套"智慧步道"建设，成为舟山第一条智慧型环岛滨海健身游步道。

此外，还需重点发展四区。以岱山本岛东北部滨海旅游区、东沙古镇文化旅游区、凉峙—沙龙滨海旅游区、观音山佛教文化旅游区为重点，依托重点投资项目，突出大特色、打造大景区、形成大容量、构建大循环，不断完善旅游功能要素，促进岱山旅游重点板块的崛起与发展，形成岱山旅游率先发展的示范区，辐射和带动全域化旅游发展。

在发展上述重点项目和重点区域的同时，还需积极打造"两带"：

（1）长涂南部群岛探奇带。

充分利用长涂西南部岛礁区内类型各异的海岛、海礁以及丰富多彩的海岛、海洋资源，开发游艇观光、海上垂钓、荒岛探险、海上娱乐、岛礁拾贝等项目，将海上观光、海岛保护与海洋科普有机结合起来，由此获得良好的社会效益、生态效益和经济效益。

（2）衢山海岛生态度假带。

衢山海岛生态度假带以离岛原生态为特色，保持海岛原有的自然风貌，保护岛礁和海洋生物资源，在川湖列岛等建设高品位、低密度的旅游度假设施，开展海岛生态度假旅游活动。开发衢山三星岛群的海钓探奇线、川湖列岛的离岛探幽线、东部岛礁的科普探奇线等特色游线。

3.2 岱山县渔港经济区建设的产业经济分析

3.2.1 市场结构分析

根据经济学定义，市场结构包括完全竞争、垄断竞争、寡头垄断和完全垄断等4种类型，说明不同产业的厂商在不同的外部条件下利润最大化均衡产量的决定，以及整个行业的总产量和价格的决定。完全竞争又称纯粹竞争，是一种不受任何阻碍和干扰的市场结构。完全垄断是指整个行业中只有一个生产者的市场结构。垄断竞争是指这样一种市场结构，一个市场中有许多厂商生产和销售有差别的同种产品。寡头垄断是一种由少数卖方（寡头）主导市场的市场状态。

基于渔港经济区内涵，重点对岱山县渔港经济区现有产业基础即海洋捕捞、海水养殖、海洋生物育种、水产品加工、水产品交易、休闲渔业、滨海旅游、渔业装备制造等8种产业进行市场结构分析。渔港配套服务业和水产（仓储）运输业由于数据资料缺乏，暂不做分析。

根据前述产业现状的论述，可以看出，海洋捕捞业和海水养殖业是完全竞争，水产品加工业、休闲渔业和渔业装备制造业是垄断竞争，海洋生物育种是寡头垄断，滨海旅游和水产品交易是完全垄断（见表3-11）。

表3-11 岱山县渔港经济区产业发展的市场结构分析

完全竞争市场	海水养殖业 海洋捕捞业
垄断竞争市场	水产品加工业 休闲渔业 渔业装备制造业
寡头垄断市场	海洋生物育种
完全垄断市场	滨海旅游 水产品交易

3.2.2　产业组织分析

产业组织是指同一产业内部不同企业之间的组织结构和市场互动关系。这种关系涵盖了企业间的交易、行为、资源利用以及利益分配等方面。对产业组织进行深入分析的目的在于解决规模经济与垄断问题之间的"马歇尔冲突"，以优化市场结构，实现资源的合理配置和产业的高效运行。

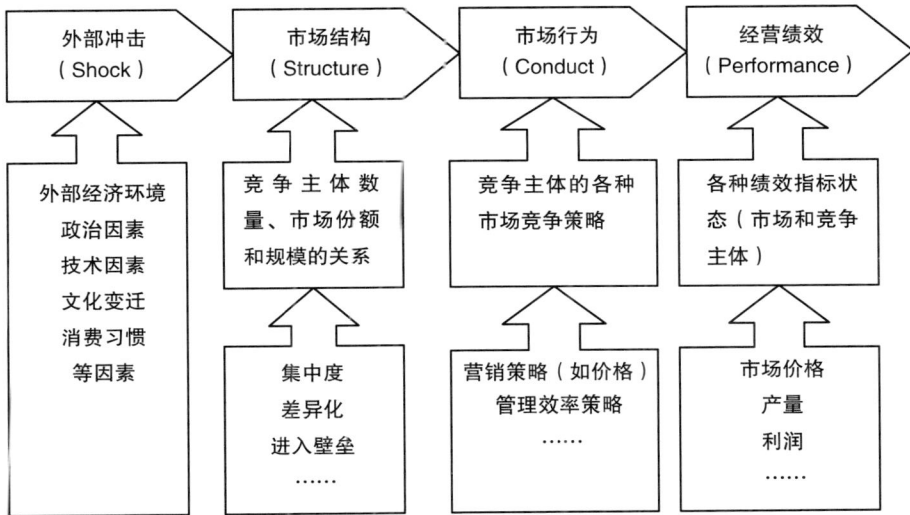

图 3-10　产业组织 SCP 分析模型

SCP 分析模型，也被称为结构—行为—绩效（SCP）模型，是在 20 世纪 30年代由美国哈佛大学的产业经济学权威贝恩、谢勒等人创立的。该模型构建了一个全面而深入的市场分析框架，涵盖了市场结构、企业行为和经营绩效三个核心要素（如图 3-10 所示）。此外，产业组织的主要形态有业主制、合伙制和公司制，其中公司制还细分为有限责任公司、股份公司和上市公司。一般而言，企业规模与其管理的规范性呈正相关。

1. 海水养殖产业。

根据现有资料,岱山县渔港经济区的海水养殖产业共有 44 家大小养殖企业。其中，全县拥有 4 家省级现代渔业精品园，7 家企业获得无公害认证，6 家企业通过农业部水产健康养殖示范场认定，1 家企业被认定为国家级水产健康养殖示范场，4家企业被认定为省级水产健康养殖示范场，10家企业建立了水产品质量安全"二维码"追溯点。这些养殖企业包括有限责任公司、专业合作社以及大量的个人养殖场。

为了深入分析岱山县海水养殖产业的组织结构，我们可以采用绝对集中度这一产业组织分析工具。绝对集中度是通过测算行业内规模最大的前几位企业的相关数值（如产值、产量、销售额、职工人数、资产总额等）占整个市场或行业的份额来衡量的。其中，i代表该行业中的龙头企业数量，Si代表该龙头企业（可以是产值、产量、销售额、职工人数、资产总额等）占整个行业的比重，而CRn则代表n个龙头企业占整个行业的比重。通过计算绝对集中度，我们可以更准确地了解岱山县海水养殖产业的市场结构和企业竞争状况。

计算公式为：

$$CRn = \sum_{i=1}^{n} Si \tag{1}$$

$$Si = Xi / \sum_{i=1}^{N} Xi \tag{2}$$

根据此理论和公式，可以测算出当地养殖业龙头企业在当地海水养殖产业中的市场地位。但是由于缺乏各企业的详细数据，无法测算各企业的市场集中度。

2. 海洋捕捞产业。

根据岱山县2019年度渔业统计年鉴显示，岱山县海洋捕捞作业生产多以个体经营的小规模生产方式为主，缺少大型渔业公司。2018年，岱山县现有捕捞渔船1611艘，其中441千瓦以上的捕捞渔船有11艘，184～440千瓦的捕捞渔船有1397艘，44～183千瓦的捕捞渔船有51艘，43千瓦以下的捕捞渔船有152艘。根据作业类型分类，岱山县现有捕捞渔船中拖网捕捞船434艘，围网捕捞船96艘，刺网捕捞船158艘，张网捕捞船676艘，蟹笼捕捞船246艘，钓业捕捞船1艘。在这1611艘捕捞渔船之中，多数以个体性质为主，少数是以合股形式共同作业经营。

3. 海洋生物育种。

近几年，岱山县海洋生物育种产业规模波动较大，2014年的产值为87万元，

2015 年的产值为 3788 万元，2016 年的产值为 1233 万元，2017 年的产值为 617 万元，2018 年的产值为 439 万元。产值波动最大原因在于鳗鱼鱼苗捕捞减少和当地苗种市场供需变动。2018 年岱山县的海洋生物育种品种主要是大黄鱼，年度育苗达 200 万尾规模，比 2015 年减少 68.60%。此外，还有 4 亿尾南美白对虾育苗量、7 万粒贝类育苗量和 4 万只梭子蟹育苗量，以及 79 公斤的鳗苗捕捞量（比 2015 年减少 61.08%）。

2021 年之前，岱山县已涌现出一批自培自育的育苗企业，主要以育苗岱衢族大黄鱼的舟山蓝科海洋生物研究所、育苗日本对虾的舟山市兴东水产养殖有限公司和育苗梭子蟹的岱山县民兴水产养殖场等 3 家育苗场为代表。这批自培自育的育苗企业的出现不但确保了岱山县水产苗种质量可控可追溯，同时也填补了岱山县苗种自培育市场的空缺。经工商注册信息查询，这 3 家企业的形式分别是普通合伙企业、有限责任公司和个人独资企业。

4. 涉渔工业。

2018 年，岱山县涉渔工业持续平稳发展，实现涉渔工业总产出 13.50 亿元，其中水产品加工 10.35 亿元，占比 76.67%；渔用机具修造 3.13 亿元，占比 23.19%。渔用机具修造包括渔船渔机修造 9894 万元，占比 7.33%；渔用绳网制造 2.14 亿元，占比 15.85%。

当前岱山县共有水产加工企业 57 家，水产加工能力为 105656 吨 / 年，其中规上企业数达 8 家。水产冷库共 42 座，冻结能力 1166 吨 / 日，冷藏能力 4143 吨 / 次，制冰能力 666 吨 / 日。水产品加工主要是海水产品加工，加工量为 45592 吨，其中冷冻产品为 5392 吨，冷冻加工品为 35477 吨，鱼糜制品 1871 吨，罐制品 213 吨，鱼粉 2559 吨，其他水产加工品 80 吨。从岱山县渔业统计年鉴中看到，岱山县当地水产加工行业的规上企业数共 8 家，但是具体企业状况和市场经营情况的资料缺失。

但是根据岱山县经信局提供的资料来看，浙江舟富食品有限公司在 2018 年的年产值达 29838 万元。根据公式（1）和公式（2），经测算，该企业年产值的绝对集中度 CR1 为 28.83%。但是由于生产品种的差异，各水产加工企业并无绝对垄断地位。

2018 年，岱山县渔用机具修造产值为 3.13 亿元，同比增长 8.86%；渔船渔机修造产值为 0.99 亿元，同比增长 0.65%；渔用绳网制造产值为 2.14 亿元，同比增长 13.11%。发展态势总体平稳。但是，渔机修造和渔用绳网制造企业的资料缺失，因此无法分析企业详情。

根据 2015 年岱山县海洋经济调查数据显示，岱山县共有海洋船舶工业企业 94 家，工业总产值为 278.08 亿元，其中民用船舶工业制造产值为 34.85 亿元、民用船舶修理及拆船产值为 5.67 亿元；造船完工 60 艘，造船完工量 2.5 万吨；船舶修理完工量 1908 艘。

岱山县经信局提供的资料显示，该局掌握了 2019 年度 11 家当地重点船舶企业的年产值数据，这 11 家企业之中，位于秀山的有 5 家，位于岱西的有 2 家，位于长涂的有 2 家，位于东沙的有 1 家，位于衢山的有 1 家，全部为有限责任公司或股份有限公司。2019 年度年产值最高的是常石集团（舟山）造船有限公司，年产值达 34.71 亿元，但是该企业的年产值并未纳入渔业统计年鉴之中，由于未获得企业经营详情，因此猜测该企业可能属于大型船舶制造企业，而非渔船修造企业。

5. 涉渔流通和服务业。

近年来，岱山县的休闲渔业发展迅速。2018 年，该县拥有 8 个休闲渔业经营主体，从业人员 466 人，大型休闲渔船 28 艘，人文景观景点 25 个，以及专业礁钓和船钓项目 20 个。这一年，休闲渔业的总产出为 3288 万元，税后利润达到 1543 万元，共接待了 648656 名游客。

岱山县的休闲渔业具有多种特色。例如，沙滩休闲渔业以秀山岛为代表，而海钓休闲渔业则主要分布在岱山东部岛礁区、衢山三星岛附近岛屿以及川湖列岛这三大海钓区。该县东临大海，拥有发达的海洋捕捞业，同时垂钓娱乐活动和休闲旅游市场需求的快速增长也为其发展城郊型休闲渔业提供了巨大潜力。

未来，岱山县将丰富并大力发展休闲渔业的发展模式。它将结合城乡一体化、新农村建设以及养殖基地、渔港等渔业设施和增殖放流等渔业活动，积极发展文化娱乐型、都市观赏型、观光体验型、展示教育型等多元化、精品化的现代休闲渔业。2021 年之前，该县已完成高亭中心渔港的提升改造，并建成了衢山凉峙休闲渔业码头。此外，还更新了 7 艘休闲渔船，改造了 49 艘科技示范船。然而，由于 8 个现有休闲渔业经营主体的资料缺失，无法分析其企业形式。

2021 年之前岱山县只有一个水产品市场——岱山县水产品中心批发市场，该市场成立于 2004 年 8 月 3 日。从 2017 年到 2018 年，该市场的交易量和交易额均呈增长趋势。具体来说，2018 年的交易量为 34650 吨，交易额达到了 3.12 亿元。2021 年之前，该市场由岱山县水产品中心批发市场有限公司负责运营，该公司是一家有限责任公司。

尽管岱山县在冷库保鲜和物流方面已有一定的基础，但关于具体的企业形式、规模等数据资料仍然缺失。

6. 渔港配套服务产业。

根据实地调查来看，在渔港周边分布有众多的制冰供冰点和供油点以及 1 个油污回收处理点，但是岱山县渔需物资供应补给等配套服务企业和相关产业的资料，缺失市场主体信息、分布和产值规模等，无法分析企业形式。

7. 其他相关产业。

岱山县政府 2020 年度工作报告显示，2019 年，岱山县海岛旅游蓬勃发展，全域旅游总体规划编制完成。东沙古镇跻身省级旅游风情小镇，秀山滑泥公园获评省级生态旅游区，新增 A 级景区村庄 5 个、省级精品民宿 3 家，丽都大酒店建成营业。海岬半程马拉松、国际风筝赛入选省重点培育品牌体育赛事，"非遗让古渔镇焕发新活力"入选文旅部十大优秀案例。全年旅游接待人数 746 万人次，实现旅游收入 106.8 亿元，分别增长 15.1% 和 15.4%。

从《岱山县旅游业发展"十三五"规划》中看到，旅游业相关重点工程基本由政府独资或"政府＋村集体"或"政府＋投资商"等形式进行投资建设，相关经营主体也将随之变动，因此多数旅游景点将采取政府控股的合资企业形式。

根据岱山县提供的资料显示，渔港经济区其他相关产业仅有滨海旅游业。诸如海洋生物医药等产业，未查找到相关资料。

3.2.3　产业环境分析

产业环境对企业产生直接影响，同时企业也能在一定程度上对其施加影响。通常采用五种力量方法进行分析，包括：现有竞争者的威胁、供应商的议价能力、客户的议价能力、潜在进入者的威胁以及替代品的威胁。这五种力量构成了迈克尔·波特提出的产业环境分析的"五力模型"（见图 3-11）。

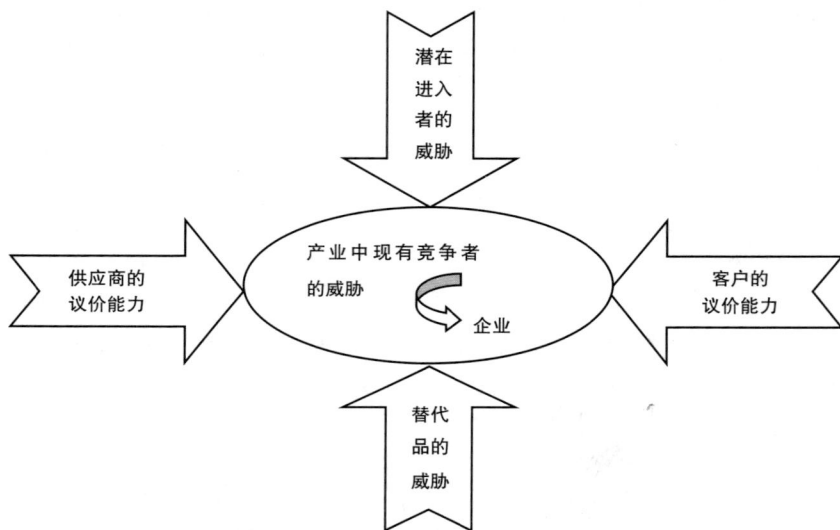

图 3-11　产业环境分析的"五力模型"

产业中的五种力量越强，企业盈利的可能性就越低。缺乏吸引力的产业通常具有较低的进入障碍、供应商和客户具有较强的议价能力和地位、面临较大的替代品威胁以及竞争激烈等特征。相反，具有较高吸引力的产业则呈现出相反的特点。因此，企业在选择发展的产业时应选择后者。

根据前面的产业情况描述，我们对岱山县渔港经济区的 8 种产业进行了"五力模型"分析，包括海洋捕捞、海水养殖、海洋生物育种、水产品加工、水产品交易、休闲渔业、滨海旅游和渔业装备制造。通过这一分析，我们得出了相应的分析结果（详见表 3-12）。

表 3-12　岱山县渔港经济区关联产业的"五力模型"分析

五种力量	产业中现有竞争者的威胁	供应商的议价能力	客户的议价能力	潜在进入者的威胁	替代品的威胁
海洋捕捞业	高	低	低	高	中
海水养殖业	中	低	低	低	低
海洋生物育种	低	低	高	低	低
水产品加工	高	中	低	中	中
水产品交易	低	高	高	低	低
休闲渔业	高	低	中	高	中
滨海旅游	中	高	高	低	中
渔业装备制造	中	低	中	中	中

　　根据上表中结果，以岱山县渔港经济区内的海洋捕捞业和海水养殖业为例进行说明。海洋捕捞业具有较高产业中现有竞争者的威胁、较低的供应商和客户议价能力、较高的潜在进入者的威胁以及一般的替代品的威胁；海水养殖业具有一般的产业中现有竞争者的威胁、较低的供应商议价能力和客户议价能力、较低的潜在进入者威胁和替代品的威胁。由上表可见，海洋生物育种、水产品交易、休闲渔业、渔业装备制造等产业具备相对较好的产业发展环境。

3.2.4　产业融资分析

　　对于渔港经济区融资的问题，包含两个方面：一方面是渔港建设资金的融资问题；另一方面是渔港经济区关联产业的融资问题。

　　1. 渔港建设资金的融资分析。

　　（1）国内通常做法。

　　在 1993 年十四届三中全会通过的《关于建设社会主义市场经济体制若干问题的决定》中，投资项目被划分为公益性、基础性和竞争性三类。其中，公益性项目由政府负责投资建设；基础性项目则主要依赖政府投资，同时广泛吸引企业和外资参与；而竞争性项目则由企业负责投资建设。随着时间的推移，各地在基础设施建设方面逐渐发展出多样化的融资、建设和运营模式。

　　政府投资主要分为财政投入、平台融资和债务融资三种类型。在改革开放初期，国内城市基础设施建设主要依赖财政投入，资金来源包括国家划拨资金和地方财政收入。然而，财政投入难以满足快速增长的投资需求。自 1988 年起，政府的投融资体系逐渐从单一的中央投资模式转变为中央与地方共同投资的模式，中央和地方也相继成立了不同层级的专业投资公司。

1994 年分税制改革后，各地政府纷纷创立专业投融资公司或事业单位来承担建设任务，并利用这些单位承接银行或信托资金，成为地方政府获取资金的主要平台。这些平台公司作为项目业主，通常在获得政府划拨的土地或财政补贴后，以此作为条件向银行等金融机构申请贷款，用于市政建设、公用事业等项目。

到了 2011 年 10 月，经国务院批准、财政部公布，上海市、浙江省、广东省和深圳市成为地方政府自行发债试点的省市。随后，这些试点省市开始发行地方债券进行融资，并将所得资金用于基础设施建设。

而企业投资可以分为企业直接投资、成立开发集团、银团投资等多种形式，对于投入资金较大的基础设施项目，一般以后两种为主。

从融资模式看，主要有五种：股权融资、银行贷款、项目融资、ABS 融资、债券融资。

从建设模式看，主要有三种：政府主导的单一开发主体、政府主导的多开发主体和企业主导的多开发主体。各地渔业基地、渔港建设等重大项目的开发模式不外乎是这几种建设模式与融资模式的组合。

从开发过程来看，主要有"建设—经营一体化模式"和"建设—经营多样化模式"两种形式。

（2）渔港建设作为准公共属性的特殊性。

外部性。渔港建设作为地方重大基础建设项目，除了创造行业税收之外，还能带来更大的社会与经济效益。

公益性。渔港建设完毕后，能为进出渔港的渔船、车辆、人员提供必要的水陆进出通道以及其他必要的基础设施，如码头岸线、防波堤、护岸、港池、锚地等的建设和场所。而这些场所与设施均需要基础投资与不断的维护保养资金，难以直接产生经济收益。

营利性。渔港必须配套的工作和生活设施，如加冰、加水、车船维护保养、餐饮、渔获交易、冷库等场所和设施设备等经营性项目可以产生一定的收益。

资本密集性、成本沉淀性和投资的不可分性。渔港投入资金巨大，一旦进行投资建设，就会产生资金沉淀，难以他用，残值极低，具有典型的沉淀投资特性，且初期投资巨大，需要一次性大规模投融资，零星的投融资往往无济于事甚至不经济。

（3）岱山县渔港建设的投融资情况分析。

根据岱山县有关部门提供的渔港建设资料显示，近几年在岱山县渔港新建设、扩建或者修复方面的重要投资包括以下项目：

岱山县委、县政府一直高度重视高亭中心渔港建设，把渔港建设作为促民生补短板的重要项目。1993 年，县委、县政府把高亭中心渔港建设列为"八大兴岱工程"之一开始筹备，1994 年 8 月举行奠基仪式，截至 2018 年底高亭中心渔港提升工程主体工程建设完工，整个高亭中心渔港建设历经 6 个阶段，6 个阶段投资共计 32628.48 万元。

第一阶段，高亭一级渔港一期工程（钟楼—闸口大闸门段），建设期为 1995 年至 1997 年底，项目新建码头 282 米、护岸 283 米，总投资 2800 万元。第二阶段，高亭一级渔港二期护岸工程（闸口大闸门—石油公司码头段），建设期为 1998 年 6 月至 1999 年 4 月．项目新建码头 260 米，总造价 551 万元。该项目由水利部门建设。另外，仙洲峤—钟楼段也是由水利部门作为标准海塘项目于 1998 年建造完工。第三阶段，山外山—江南山大桥段护岸工程，建设期为 2002 年至 2004 年，项目新建护岸总长约 3000 米，总投资约 1500 万元。该项目由水利部门建设，项目由县、镇、村三级共同出资。第四阶段，岱山高亭中心渔港（原岱东船厂—浪激咀段），建设期为 2005 年 3 月至 2007 年 12 月，项目建设新码头 4 座，总长度 522 米（10 个泊位），新建护岸 1125 米，改造老护岸 515 米以及相应的给排水、消防设施等；概算总投资 5014 万元。第五阶段，高亭中心渔港江南段工程（江南山大桥—横勒山段），建设期为 2011 年 4 月至 2013 年 11 月．项目新建防波堤 148 米、1000 吨级高桩梁板式码头 1 座、护岸 800 米及相应配套设施，总投资为 4944.59 万元。第六阶段，高亭中心渔港提升工程（横勒山—官山大桥段）建设期为 2017 年 3 月至 2018 年 12 月。新建渔船码头 6 个泊位、渔业通道 1600 米、扣船设施工程 2 万平方米、防护工程护坡 500 米及相关配套设施；概算总投资 17818.87 万元。岱山高亭中心渔港六阶段建设过程中，资金主体来源于政府投入，也有部分来源于县、镇、村三级共同出资。

岱山县长涂一级渔港工程，于 2007 年 1 月获农业部初步设计批复，概算总投资 2486.48 万元。2007 年 9 月码头、护岸开始进场施工，2008 年 8 月 1 日江南段部分护岸滑塌。事发前，江南段护岸 1000 米砌筑基本完成。后经多方努力，2010 年 4 月根据《关于岱山县长涂一级渔港建设项目初步设计调整批复》，建设内容与规模调整为：新建港南卸渔码头，改建浮码头 4 座、江北渔港 450 米、港南渔港 550 米、港区道路 5000 平方米，收购并改建渔政港监综合管理用房 820 平方米及水电、环保和绿化等设施。中央补助资金 1000 万元，省、市补助资金约 300 万元，县配套资金到位 500 万元，镇财政补助 1074 万元，合计到位资金 2874 万元。本工程 2013 年底全部完工，总投资约 3740 万元，地方后续追加配套资金约 700 万元。

岱山县大衢一级渔港项目，于 2009 年 3 月获农业部初步设计批复，主要建设内容为新建码头 423 米、引桥 5 座（206 米）、斜坡式护岸 738 米、直立式护岸 250 米，建综合执法办证中心办公楼 866 平方米，疏浚港池及航道 30 万立方米，配套水电、气象、监控系统。项目概算总投资 6241 万元，其中农业部补助 1500 万元，县配套资金已到位 2000 万元，镇自筹资金 1500 万元，合计到位资金 5000 万元。本工程 2013 年全部完工，实际总投资约 5500 万元，地方后续追加配套资金约 500 万元。

岱山县高亭中心渔港江南段工程，于 2010 年 6 月获省发改委初步设计批复，主要建设内容为在高亭镇江南山和横勒山连接 148 米的防波堤，新建 1000 吨级高桩梁板式码头 1 座，码头平台为 110×10 米，栈桥 1 座，建设江南山西北侧护岸 800 米及相应配套设施，项目概算总投资 4944.59 万元。上级补助资金共 3119.7 万元，其中省补助到位 2961.2 万元，市补助到位 158.5 万元，县配套资金共 900 万元。本工程 2013 年全部完工，实际总投资约 4510 万元，地方后续追加配套资金约 500 万元。

2017 年，岱山县制订县重点建设项目计划——渔业船舶避风锚地（长涂避风锚地）升级改造项目，并获得舟山市发改委批复立项。2018 年开始建设，主要建设内容与规模为：改建上岸码头 4 座，新建执法码头 1 座，新建系泊岸线

912 米，新建避台指挥中心 1000 平方米，以及其他相关配套设施。估算总投资约 8493 万元，其中上级补助 70%，其余由地方财政配套。

2021 年之前，岱山县当地已经启动美丽渔港前期规划与研究，根据"一次规划，海陆同建，分段实施，渔业先行"的原则，推出以下相关举措：一是抓紧编制美丽渔港实施规划（名称待定），由县自然资源和规划局牵头落实，县海洋与渔业局配合，争取 2020 年年中完成定稿。二是根据规划方案确定的建设项目计划，分段分年实施，2021 年底之前力争启动实质性建设项目。三是海洋与渔业局抓紧启动江南段避风水域综合提升改造项目可行性方案编制等前期工作，力争 2021 年底完成项目前期审批。四是实施高亭一村码头至火力发电厂段政策处理工作，争取全部码头及岸线由政府收购，同步海洋与渔业局开展防波堤建设及岸线综合整治可行性方案编制工作。五是以高亭镇、岱东镇为主，对蟹笼等渔具堆放场地重新选址，同时做好渔民思想工作，确保伏休以后中心渔港不再堆放蟹笼。六是重新划定高亭中心渔港港址、港界，重新编制港章。到 2021 年底，争取完成投资约 3000 万元。投资资金来源：一是每年统筹部分中央渔业油价补贴资金作为基本保障资金，以此为项目资本金，开展项目融资。制定资金统筹使用相关办法，明确资金的适用范围及额度。二是各相关部门积极对接上级部门，积极争取国家、省、市政策补助资金，全力保障美丽渔港建设资金需求。

综上所述，岱山县在渔港建设资金筹措方面，资金投融资的渠道相对单一，主要依赖于上级政府财政拨款和地方政府财政投入，自筹资金占比较小，股权融资、银行贷款、项目融资、ABS 融资、债券融资等融资方式几乎未在岱山县渔港经济区建设过程中出现。

2. 渔港经济区关联产业的融资分析。

根据前述内容可知，岱山县渔港经济区关联产业包括海水养殖、海洋捕捞、海洋生物育种、水产品加工、水产品交易、休闲渔业、滨海旅游、渔业装备制造、配套服务业等 9 种。通过多种途径，依然没有查询到这几个产业相关企业的融资途径和资金方面的数据资料。

不过，根据岱山县有关部门提供的相关资料，也能获知部分企业和从业人员具备获得财政补贴的途径。

例如，根据《岱山县人民政府办公室关于印发岱山县加快推进休闲渔业转型升级实施方案的通知》文件显示，岱山县加快推进休闲渔业转型升级实施方案具体配套政策包括：①休闲渔船建造补助。对使用新型材料建造的规范化休闲渔船，给予每艘不低于 30% 的补助，单艘补助最高不超过 150 万元。②渔民减船转产发展休闲渔业补助。对响应减船转产政策，拆解上交 136 千瓦（185 马力）以上各类捕捞渔船并发展休闲渔业的渔民老大（必须为拆解船所有人，且承诺不再从事渔业捕捞），经核实后，给予一次性补助 8 万元。不重复享受《岱山县2019 年度国内捕捞渔船"减船转产"实施方案》补助政策中的第（三）项连续4 年每年奖励 2 万元的规定。③ 休闲渔业项目补助。各乡镇、县属各部门要用好各级财政转移支付资金，对休闲渔业基础设施建设、产业政府扶持、生态资源修复等给予倾斜支持。

2018 年，由岱山县海洋与渔业局下属渔港开发有限公司子公司（岱山县蟹产业园建设有限公司）立项建设蟹文化产业园集散中心。项目用地面积约93964 平方米（合 140.95 亩），总建筑面积约 24080 平方米，其中集散中心 A、B 楼各 1 幢，建筑面积各约 11000 平方米，配套附属用房约 2080 平方米；并建设水、电、停车场地、围墙、绿化等配套设施。项目建设进度计划为 24 个月，由 2018 年 10 月至 2020 年 9 月，2020 年 10 月投入使用。本项目总投资约为25000 万元，其中建设投资为 23709 万元，自有资金 8000 万元，自有资金比例为 32.38%，固定资产为 24586 万元，固定资产贷款 17000 万元，固定资产贷款比例为 69.14%。项目建设期内每年年中贷款到位，年利率按基准利率 4.9% 上浮 20% 即 5.88% 计，建设期利息 877.7 万元。流动资金 413.5 万元全部自筹。

此外，根据表 3-10 中的岱山县"十三五"期间十大重点旅游项目显示，7个重点旅游项目将以政府或"政府＋投资商"或"政府＋村集体＋投资商"的形式进行投资建设。3 个重点旅游项目，即田湾滨海养生度假区、双合石壁浪漫风情旅游区、秀山深海温泉疗养基地，由社会招商引进的投资商单独进行投资建设和运营。

3.2.5　产业供给和需求分析

在产业之中，生产供给能力分析和市场需求分析也是产业分析的一个重要方面，供求作用的结果，就能决定产品是供过于求，还是供不应求，也能决定产品价格定位。换句话说，也能确定该行业的利润是高是低，是立该进入该行业投资还是从该行业撤出。

通常，价值规律在主导着绝大多数行业的供求状况，除了少数国家垄断行业（如通信、传媒、烟酒、油气等）以外。这些少数垄断行业由于存在政策壁垒，往往产品和服务价格高昂，具有超额垄断利润。

在行业内不同档次产品和细分行业产品的供给状况，往往在总量供给过剩的情况下会存在着个别产品过剩的情况。在我们国家，随着工业化进程的不断深入，绝大部分行业的产能已经过剩了。同时，也有部分行业的高附加值、高技术含量的产品在供给方面依然还是供小于求的，主要也是因为没有掌握核心技术，局部地方产业体系缺乏创新能力，这也是我国各地发展经济亟须解决的问题，即产业创新问题。

受消费习惯、水产加工企业数量、产品市场定位和专业物流市场等因素限制，岱山县海产品仍以鲜活形式销售为主，销售市场也以本地市场消化为主，绝大多数加工产品以本地之外的国内市场为主，出口较少。另外，随着生活水平的提高以及消费者对于饮食要求的不断提高，岱山县消费者的膳食结构中水产品量稳步增长，消费鱼、虾、蟹、贝和海藻等的数量呈上升趋势。因此，海洋经济三产融合进度缓慢，渔业产业结构难以发生根本性改变，渔业经济发展协调性不强。

在 2016 年之后，随着响应国家海洋渔业资源总量管理制度，逐步减少机动渔船数量、功率，岱山县海洋捕捞产量随着海洋捕捞船只逐年递减而平稳减少，但捕捞产值仍平稳增长，主要有赖于渔船类型、作业方式、捕捞品种等的转变。其实，在市场需求方面，随着居民收入提高以及对安全、优质蛋白质来源食物要求的不断重视，消费者对于捕捞海产品具有很强的购买欲望和购买能力，因此，也呈现出了捕捞海产品供不应求的消费现状，但这和海洋渔业资源不断减少的趋势也相违背。

除了一部分养殖和捕捞产品直接以鲜活形式在本地市场销售之外，还有少部分产品以鲜活形式销售到邻近区域以及舟山、宁波、杭州、上海等地。除此之外，还有部分产品进入加工环节，做成冷冻加工品或者鱼糜制品批发销售到全国各地。当地的水产加工企业近年来由于原料价格和劳动力成本的上升以及终端市场的价格竞争，企业效益有所下滑，个别企业存在经营困难局面。渔港配套的制冰、供油等产业，也能基本保障当地产业发展需求。

岱山县现有海洋船舶工业企业 94 家，2015 年的工业总产值达 278.08 亿元。船舶修造方面也能保障当地需求，还能有过多产能满足周边区域的修造船市场需求。渔用机具行业根据近年来的产业规模数据显示，2018 年较 2017 年产值同比增长 8.86%；渔用绳网行业的产值也逐年增大，2018 年达 21442 万元。渔用机具行业也能满足当地和周边市场需求。

近年来，岱山县委、县政府高度重视休闲渔业发展，开发了多种类型的符合当地渔情渔村海岛等特点的休闲渔业发展模式，注重规划引领和政策扶持，注重特色休闲渔业品牌打造，注重渔旅融合发展，为休闲渔业发展提供了有力保障。2018 年，全县休闲渔业产业产值 3288 万元，全年共接待各类游客 648656 人。

全县目前只有岱山县水产品中心批发市场这 1 个水产品市场，基本能满足当地和周边地区的水产品交易需求，年成交量和年交易额在近两年保持平稳态势。另外，当地冷库保鲜、物流都有一定的基础，特别是捕捞海域到舟山、宁波、上海等地的冷链技术比较好，但销到其他省市后品质受到一定的影响。

从资源禀赋的角度来讲，滨海地区将成为未来旅游发展的"主战场"。从岱山县滨海旅游现状看来，前景光明。2019 年，岱山县全年旅游接待人数 746 万人次，实现旅游收入 106.8 亿元，分别增长 15.1% 和 15.4%。岱山县计划积极开拓长三角旅游市场，主动承接普陀山溢出效应，推出旅游惠民季活动，加快打造长三角独具魅力的海岛休闲度假基地。发展全域旅游，按照"一岛一主题、一岛一特色"，规划建设岱山海岛公园，加快提升本岛东北部、秀山泥岛花乡、岱西双合石文化村、衢山观音山等核心景区。还计划抓住舟山群岛新区上升为国家级新区和海洋旅游综合改革全面推进的战略机遇，适应经济发展新常态，突出海岛生态资源优势，以核心项目培育为抓手，以"旅游 +"为动力，促进体育、文化、城镇、乡村和旅游的有机融合，创新海洋旅游业态，推进市场开拓、服务质量提升和旅游公共服务体系建设，努力将岱山建设成为长三角著名的海上休闲度假旅游目的地。

3.2.6　产业盈利和产业成长性分析

传统的产业经济学范畴内，将所有的工业产业分为长线工业和短线工业，现在不这么分了，但是还是存在一个问题，在产能过剩的情况下，怎么样进行产业投资？什么样的行业具有投资价值？

但是，渔业和渔港领域情况特殊，渔业领域的最终产出是水产品，渔港也是为渔业产出尤其是海洋捕捞产业服务。据前所述，岱山县捕捞、养殖以及加工出的水产品市场需求很大，尤其是当地捕捞获得的各种各样东海海产品在各地市场上供不应求，但是当前产能有限。另外，产能的挖掘主要还有赖于科技的进步，因为当地海域还存在海洋牧场、港口航道等限制条件，可供养殖的海区资源有限。

但是，根据表 3-1 显示，对于土地资源和海区资源要求相对较低的海洋生物育种、水产品加工、休闲渔业、滨海旅游、渔业装备制造等产业来说，岱山县的产业相对周边地区来说具有较强竞争力，潜力巨大，存在较大的盈利空间和企业发展成长空间。

若是能打破现有的制冰行业的高成本、低收益局面，合理统筹规划发展，加强行业引导，避免行业恶性竞争，适当给予地方税收减免等优惠措施，随着养殖、捕捞、加工、流通等产业的有序发展，港口辅助配套产业也定能迎来更好的发展。

3.2.7　产业技术分析

1. 渔业。

岱山县 2015—2018 年机动渔船数量整体呈现总体下降趋势，这主要和岱山县贯彻落实《浙江省海洋与渔业局关于印发海洋捕捞渔船减船转产实施方案的通知》文件的要求实施减船转产工作有关。岱山县共有捕捞渔船 1611 艘、捕捞辅助船 318 艘。1611 艘捕捞渔船中，441 千瓦以上的捕捞渔船有 11 艘，184～440 千瓦的捕捞渔船有 1397 艘，44～183 千瓦的捕捞渔船有 51 艘，43千瓦以下的捕捞渔船有 152 艘。根据作业类型分类，岱山县现有捕捞渔船中，拖网捕捞船 434 艘，围网捕捞船 96 艘，刺网捕捞船 158 艘，张网捕捞船 676 艘，蟹笼捕捞船 246 艘，钓业捕捞船 1 艘。岱山县近海捕捞作业海域主要在东海海域和黄海海域，近海捕捞作业方式有围网、张网、刺网、拖网和笼捕等，远洋渔业以过洋性渔业为主。另外，岱山县还拥有远洋捕捞渔船 5 艘，总吨位为 2878 总吨，总功率为 3188 千瓦，远洋渔业从业人员为 73 人。

根据 2019 年度岱山县海水养殖工作汇报材料显示，全县共有渔业养殖面积 1.2 万余亩，其中大棚养殖面积 1271 亩，围塘养殖面积 11000 余亩，养殖从业人员 500 人左右。2018 年，岱山县海水养殖产量 64671 吨，按养殖方式分为海水池塘养殖、深水网箱养殖和工厂化养殖等 3 种。

全县已拥有省级现代渔业精品园 4 家，取得无公害认证的企业 7 家，通过农业部水产健康养殖示范场认定企业 6 家，国家级水产健康养殖示范场 1 家，省级水产健康养殖示范场 4 家，建成水产品质量安全"二维码"追溯点 10 家。岱山县一直致力于推进品牌项目建设。舟山蓝科海洋生物研究所的"岱衢族大黄鱼生态化产业培育与发展"项目经过为期 2 年的建设，已在 2018 年底完工，2019 年 3 月通过验收；舟山岱衢洋渔业有限公司的深水网箱建设项目于 2019 年底完成建设；2018 年 3 个市级资金养殖项目，包括室内循环水环保养殖项目建设、珍珠龙胆石斑鱼工厂化生态高效试养和野生岱衢族大黄鱼采捕和种质更新项目，目前都已完成验收。岱山县还加强科技创新引入纳米管增氧模式。2019 年初，在岱山县恒舟水产养殖专业合作社、岱山县东沙镇官门生岳水产养殖场开展了纳米管底增氧技术改造试点，和传统底增氧管道相比，纳米管增氧技术有利于将底部有害气体带出水面，加快对工厂化养殖塘底部氨、氮、亚硝酸盐、硫化氢的氧化，抑制养殖塘底部有害微生物的生长，改善养殖塘水质，减少养殖病害。2 家养殖场采用该模式后，南美白对虾单亩产量由 1500 公斤提高到 3000 公斤，实现产量翻倍。

近年来，岱山县涌现出一批自培自育的育苗企业，主要以育苗岱衢族大黄鱼的舟山蓝科海洋生物研究所、育苗日本对虾的舟山市兴东水产养殖有限公司和育苗梭子蟹的岱山县民兴水产养殖场等 3 家育苗场为代表。这批自培自育的育苗企业的出现不但确保了岱山县水产苗种质量可控可追溯，同时也填补了岱山县苗种自培自育市场的空缺。

2. 涉渔工业。

根据岱山县有关规划指出，随着岱山围绕"新区核心·魅力岱山"总体要求和"两区一城"发展定位，重点打造舟山群岛新区国际物流岛核心区域，建设大宗商品储运中转加工交易中心核心圈的产业发展布局。

2018 年度岱山县渔业统计年鉴数据显示，当前岱山县共有水产加工企业 57 家，水产加工能力为 105656 吨 / 年，其中规上企业数达 8 家。水产冷库共 42 座，冻结能力 1166 吨 / 日，冷藏能力 4143 吨 / 次，制冰能力 666 吨 / 日。水产品加工主要是海水加工产品，加工量为 45592 吨，其中冷冻产品为 5392 吨，冷冻加工品为 35477 吨，鱼糜制品 1871 吨，罐制品 213 吨，鱼粉 2559 吨，其他水产加工品 80 吨。当地已经开始涌现出具有代表性的水产加工龙头企业，如浙江舟富食品有限公司，2019 年年产值运 29838 万元。

2018 年，岱山县渔用机具修造产值为 3.13 亿元，同比增长 8.86%；渔船渔机修造产值为 0.99 亿元，同比增长 0.65%；渔用绳网制造产值为 2.14 亿元，同比增长 13.11%。发展态势总体平稳。根据 2015 年岱山县海洋经济调查数据显示，岱山县共有海洋船舶工业企业 94 家，工业总产值为 278.08 亿元，其中民用船舶工业制造产值为 34.35 亿元，民用船舶修理及拆船产值为 5.67 亿元；造船完工 60 艘，造船完工量 2.5 万总吨；船舶修理完工量是 1908 艘。

3. 涉渔流通和服务业。

近年来，岱山县委、县政府高度重视休闲渔业发展，注重规划引领和政策扶持，注重特色休闲渔业品牌打造，注重渔旅融合发展，为休闲渔业发展提供了有力保障。2018 年，全市休闲渔业产业产值 3288 万元，税后利润 1543 万元，全年共接待各类游客 648656 人次。

2018 年度岱山县休闲渔业运营情况显示，2013 年岱山县休闲渔业拥有经营主体 8 个、从业人员 466 人；拥有大型休闲渔船 28 艘，人文景观景点 25 个，专业礁钓、船钓项目 20 个。岱山县拥有众多不同特色的休闲渔业，有以秀山岛为例的沙滩休闲渔业，有以岱山东部岛礁区、衢山三星岛附近岛屿、川湖列岛三大海钓区为例的海钓休闲渔业。岱山县东临大海，海洋捕捞业较为发达，加之垂钓娱乐活动快速发展和休闲旅游市场需求旺盛，使其发展城郊型休闲渔业潜力巨大。岱山县 2020 年政府工作报告显示，目前已完成高亭中心渔港提升改造，建成衢山凉峙休闲渔业码头，更新休闲渔船 7 艘，改造科技示范船 49 艘。

2019 年 12 月 6 日，岱山县政府发布的《岱山县加快推进休闲渔业转型升级实施方案》文件提出，认真贯彻落实党的十九大提出的乡村振兴战略，坚持一、二、三产融合和"生产、生活、生态"融合发展，结合国家绿色渔业实验基地建设和我县全域旅游示范县创建，把休闲渔业作为渔业产业结构调整的重要方向，加强规划引领和政策扶持，创新发展机制，规范经营管理，完善配套设施，加强安全监督，注重生态资源保护，推进休闲渔业从数量型向质量型发展，使休闲渔业成为全县渔业经济和旅游经济的重要增长极。该文件提出，到 2022 年，全县休闲渔业经济总产出达到 5 亿元；创建农业部"最美渔村"3 个、全国休闲渔业示范基地 1 家、省级休闲渔业示范基地 3 家、市级休闲渔业示范基地 4 家；更新改造一批新型休闲渔船，配套建设一批休闲渔业专用码头及服务设施，培养若干家休闲渔业服务企业，构建一套智能信息化管理系统，形成生态良好、产业提升、管理有序、效益显著的发展格局。

岱山县水产流通产值 2016 年和 2017 年保持平稳，2016 年比 2015 年增长显著，2018 年同比增长 7.43%；岱山县水产（仓储）运输产值 2015 年达到 1053 万元，不过 2016 年和 2017 年无统计数据，2018 年降到 241 万元，比 2015 年下降 77.11%。2021 年之前，岱山县的冷库保鲜、物流都有一定的基础，特别是捕捞海域到舟山、宁波的冷链技术，但由于交通条件销到异地销售市场后品质受到一定的影响，全县只有岱山县水产品中心批发市场这 1 个水产品市场，其交易量和交易额从 2017 年到 2018 年均有增长，2018 年该市场交易量为 34650 吨，交易额达 3.12 亿元。

4. 渔港配套服务产业。

根据实地调查来看，在渔港周边分布有众多的制冰供冰点和供油点以及 1 个油污回收处理点，但是岱山县渔需物资供应补给等配套服务企业和相关产业，2021 年之前缺失市场主体信息、分布和产值规模等数据资料。

5. 其他相关产业。

根据岱山县提供的资料显示，渔港经济区其他相关产业仅有滨海旅游业。

诸如海洋生物医药等产业从现有资料中未查找到相关资料。

岱山县政府 2020 年度工作报告显示，2019 年，岱山县海岛旅游蓬勃发展。全域旅游总体规划编制完成。东沙古镇跻身省级旅游风情小镇，秀山滑泥公园获评省级生态旅游区，新增 A 级景区村庄 5 个、省级精品民宿 3 家，丽都大酒店建成营业。海岬半程马拉松、国际风筝赛入选省重点培育品牌体育赛事，"非遗让古渔镇焕发新活力"入选文旅部十大优秀案例。全年旅游接待人数 746 万人次，实现旅游收入 106.8 亿元，分别增长 15.1% 和 15.4%。该报告还提出，积极开拓长三角旅游市场，主动承接普陀山溢出效应，推出旅游惠民季活动，加快打造长三角独具魅力的海岛休闲度假基地。发展全域旅游，按照"一岛一主题、一岛一特色"，规划建设岱山海岛公园，加快提升本岛东北部、秀山泥岛花乡、岱西双合石文化村、衢山观音山等核心景区，争创东沙古镇 AAAA 级景区，打造高品质民宿群落 2 个。开发海岛深度体验游，培育发展滨海度假、休闲渔业、体育运动、军事研学、观光游艇等旅游业态。

《岱山县旅游业发展"十三五"规划》中提出，岱山县将认真贯彻落实国务院《关于促进旅游业改革发展的若干意见》的精神，抓住舟山群岛新区上升为国家级新区和海洋旅游综合改革全面推进的战略机遇，适应经济发展新常态，突出海岛生态资源优势，以核心项目培育为抓手，以"旅游+"为动力，促进体育、文化、城镇、乡村和旅游的有机融合，创新海洋旅游业态，推进市场开拓、服务质量提升和旅游公共服务体系建设，努力将岱山建设成为长三角著名的海上休闲度假旅游目的地。

该规划还提出，进一步促进旅游业持续健康发展，增强旅游业竞争实力，提高旅游业对国民经济的贡献。要从注重游客数量的扩张，逐渐向注重服务品质和综合效益的提升转型，特别是要优化游客结构、延长逗留时间以及增加人均消费。"十三五"期间，力争新增国家 AAAA 级景区 1 家，AAA 级景区 2～3 家；建成(开业)高星级酒店 4～5 家，培育 3～4 个；建成海岛旅游特色示范村 2～3 个；培育特色民宿示范区 3～4 个；建成精品海岛民宿 30 家以上；在主要客源地开设旅游形象店 5 家。

3.3 产业经济发展战略分析

SWOT 分析是战略管理中常用分析工具，四个字母分别代表优势（S）、劣势（W）、机遇（O）和威胁（T）。这一方法通过较全面分析与研究对象密切相关的各种主要内部优势与劣势、外部机遇和挑战（见图 3–12），得出战略性结论与决策。

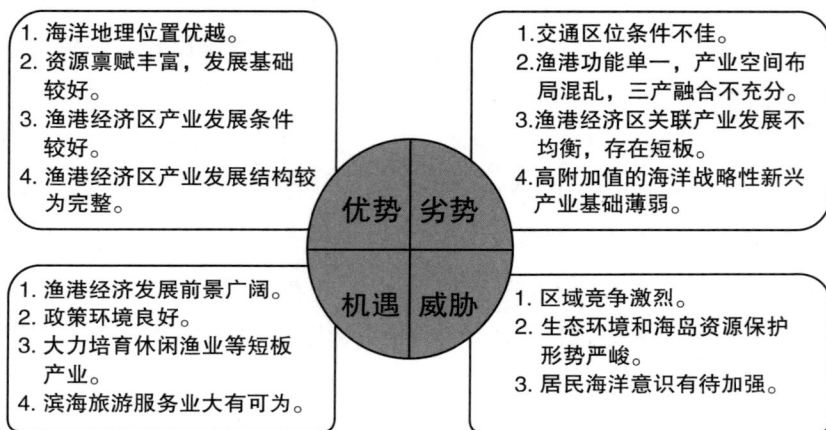

图 3–12 岱山县渔港经济区建设的 SWOT 分析

3.3.1 优势分析（S）

1. 海洋地理位置优越。

岱山县位于舟山群岛中部，地处长江、钱塘江入海处，东濒浩瀚无际的太平洋，西临杭州湾喇叭口，南邻定海、普陀，北接嵊泗列岛，据江海联运和长江"黄金水道"之要冲，是长江流域和长江三角洲对外开放的海上门户和通道，与亚太新兴港口城市呈扇形辐射之势，岱山港距上海国际航运中心洋山港仅 10 多海里，是上海国际航运中心集装箱枢纽港的后备港口。

岱山县是个陆地小县、海洋大县，全县总面积 5242.5 平方千米，其中陆地面积 326.5 平方千米，海域面积 4916 平方千米。岱山县凭借优越的区位地理条件和丰富的海洋资源，经济社会发展成效显著。2018 年，全年全县地区生产总值 215.5 亿元，按可比价计算，比上年增长 7.0%。其中，第一产业增加值 43.2 亿元，增长 3.8%；第二产业增加值 81.6 亿元，增长 7.2%；第三产业增加值 90.7 亿元，增长 8.1%，三次产业结构比例为 20.0∶37.9∶42.1。

作为浙江省重点渔区之一，岱山县依托沿海地理优势，海洋渔业持续快速发展，成为当地经济发展的重要支柱。岱山县现有渔业镇（街道）4 个，渔业人口 58909 人，海洋机动渔船 1933 艘，总功率 517516 千瓦。2018 年，岱山县渔业总产值 85.81 亿元；水产品产量达到 43.9 万吨，比上年增长 4.0%，其中海洋捕捞产量 33.57 万吨，下降 5.5%；海水养殖产量 9.28 万吨，增长 57.8%；淡水养殖产量 0.61 万吨，远洋渔业产量 0.44 万吨；衢山田涂和凉峙海钓中心分别成为国家级休闲渔业示范基地、省级休闲渔业精品基地。

2. 资源禀赋丰富，发展基础较好。

岱山县海岛总面积 304.96 平方千米，海岛岸线总长度 806.86 千米，其中，有居民海岛 29 个，总面积 295.37 平方千米，岸线总长 532.1 千米，岛屿面积最大的是岱山岛；无居民海岛 542 个，面积合计 9.59 平方千米，岸线总长度 274.76 千米，岛屿面积最大的是上川山岛，面积在 500 平方米以下的无居民海岛占到全县海岛总数的 36.78%。

岱山县滩涂资源丰富，拥有滩涂资源总面积 238.75 平方千米，其中 -5 米至 -2 米等深线滩涂面积为 136.26 平方千米，-2 米至 0 米等深线滩涂面积为 45.76 平方千米，0 米等深线以上滩涂面积为 56.73 平方千米。

岱山县海岛岸线资源十分丰富，具有开发建设深水中转港口、深水航道和大型锚地的优良条件。海岛岸线总长约为 800 千米，其中水深超过 10 米、15 米、20 米的可利用岸线分别为 120.05 千米、78.05 千米和 24.5 千米，多数深水岸线还未得到充分利用。深水岸线资源主要分布在岱山岛、衢山岛及大小长涂山岛。

岱山海洋资源蕴藏丰富，渔场水域宽阔，水质肥沃，气候适宜，饵料充沛，海洋生物种类繁多，渔业资源十分丰富，岱山境内有岱衢洋、黄大洋、黄泽洋、灰鳖洋四大渔场，盛产各类鱼虾蟹贝。岱山管辖海域内主要捕捞的经济品种有带鱼、黄鱼、墨鱼、鲳鱼、鳓鱼、马鲛鱼、海鳗、鮨参、马面鱼、石斑鱼、梭子蟹和虾类等 40 余种。岱山是著名的"岱衢族"大黄鱼的故乡，为中国东海的一座"活鱼库",海水产品年产量 30 万吨以上,为全国十大重点渔业县之一。

岱山风景名胜区以自然景观为主,共有 72 处景点和景物、景观,分属 2 个大类、8 个中类、33 个小类。其中自然景观 45 处,人文景观 27 处。主要代表景区有摩心山景区、鹿栏晴沙景区、秀山景区等。近年来,岱山旅游取得了较快发展,尤其是在旅游目的地的宣传营销方面,取得了较大的发展。岱山旅游通过树立"大旅游、强营销"的理念,以舟山群岛海洋旅游综合改革试验区建设为契机,多措并举,全力营销,打造岱山旅游品牌。节庆活动成为岱山旅游推广的重要平台,岱山听海季、国际海岛运动风筝邀请赛、休渔谢洋大典、海泥狂欢节、东沙古镇弄堂节已成为具有一定品牌影响力的节庆活动。宣传的重点客源市场以上海、宁波、杭州、江苏等地为主。

3. 渔港经济区产业发展条件较好。

岱山县共有各类渔港 11 座,其中中心渔港 1 座(高亭镇高亭中心渔港)、一级渔港 2 座(衢山镇大衢一级渔港、长涂镇长涂一级渔港)、二级渔港 1 座(万良二级渔港)、三级渔港 4 座(秀山村秀山渔港、涨网套渔港、南峰渔港、东沙镇东道头渔港)、等级以下渔港 3 座(石子门渔港、西峰渔港、岱西镇双合渔港)。

高亭中心渔港是全国首批 13 个列为国家级重点渔港的建设项目,也是舟山市最先确认的国家级中心渔港。岱山县高亭中心渔港位于岱山本岛东南侧,港区东起高亭江南山大桥,西至小峧山—水产品交易市场连线,南依横勒山—牛轭岛—官山—小峧山连线,北靠岱山本岛陆地,122°13'1"E,30°13'50"N。高亭中心渔港是天然的避风良港,加之江南山—横勒山—高亭牛轭岛之间已建连岛大堤的掩护,渔船避风锚泊条件较好。高亭中心渔港从 1993 年作为"八大兴岱工程"之一建设至今,中心渔港南向横勒山至牛轭岛之间防护工程已建成,形成陆域面积 120 万平方米,水域面积 750 平方米,拥有综合执法中心大楼 1000 平方米,护岸 7040 米,防波堤 148 米,渔港视频监控系统、水电等配套设施齐全,可容纳近 800 艘渔船,台风期间可安全避风渔船数约 600 艘。

长涂渔港位于小长涂岛,122°18'4"E,30°14'47"N。西隔岱山水道与岱山岛相对,距高亭镇 10 千米,南北分别为黄大洋与岱衢洋海域。渔港水域为大小长涂岛之间狭长潮汐水道,呈 S 形。东口门朝东北向,进入口门后水道呈南北向,约 1.8 千米后水道转为东西向，往西约 4.8 千米后转为西南向。水道长约 7.8 米，平均宽约 400 米，中段宽约 710 米。水域平均水深 15 米，最深处 38 米。渔港水域受到外海波浪影响很小，渔港区域整体处于冲淤平衡状态。长涂渔港通过岱山县渔业船舶避风锚地升级改造项目实施后，现有码头 1013 米，系泊护岸 1360 米，避台指挥中心（兼临时安置房）1000 平方米，视频监控、水电设施、渔船进出锚地身份识别系统、锚地 LED 显示屏、水电等配套设施齐全。

大衢渔港位于大衢岛西侧，122°16'43"E，30°27'31"N，北面隔黄泽洋有嵊泗列岛和川湖列岛，南面隔岱衢洋有岱山岛、大小长涂岛，西向面对杭州湾。渔港的东侧水域受到大衢山本岛的陆域掩护，正南方向的波浪受到岱山岛、长涂岛，以及紧邻的琵琶栏岛掩护，西侧建有防波堤，渔船锚泊条件较好。大衢渔港经过多年建设，水、陆域配套设施日趋完善，现有防波堤 2100 米，码头 450 米，陆域有冷库 11 座、制冰厂 5 座、油库 2 座、网具厂 3 家，渔港监控、水电等配套设施齐全。大衢一级渔港预留北侧口门及南侧口门作为渔港内外水沙交换通道，南北口门之间由航道连接。

该渔港经济区的港区基建、配套设施、相关产业发展、人口数量、陆路交通、水产品市场等方面均已有较好的发展条件，跟国内多数同类型中心渔港相比，各方面基础条件还算突出。

4. 渔港经济区产业发展结构较为完整。

根据岱山县渔业统计年鉴数据显示，2018 年渔业经济总产值为 580959 万元，同比增长 2.93%，其中渔业总产值 400076 万元，同比增长 2.49%（海洋捕捞总产值 336266 万元，海水养殖总产值 57154 万元，远洋渔业总产值 1143 万元，海洋生物育种总产值 439 万元）；涉渔工业总产值 134964 万元（水产品加工总产值 103465 万元，渔用机具修造总产值 31336 万元）；涉渔流通和服务业总产值 45919 万元（水产流通总产值 40118 万元，水产仓储运输总产值 241 万元，休闲渔业总产值 3288 万元，接待游客数 648656 人）。2018 年水产品总产量 410863 吨；水产养殖面积为 1076 公顷；渔业人口数为 58909 人；机动渔船数量为 1933（其中捕捞渔船数量为 1611 艘）。另外，根据岱山县政府 2020 年度工作报告显示，2019 年岱山县全年旅游接待人数 746 万人次，实现旅游收入 106.8 亿元。

从上述当地渔港经济区关联产业结构看来，产业结构从整体说来还算完整，虽然个别产业发展存在短板，但相对全国各地的大多数渔港经济区仅有 3 ～ 5 个相关产业来说，岱山县的渔港经济区产业发展具有相对优势，发展较早，也已经打下一定基础。甚至个别产业在周边地区已经具备较好的影响力、辐射力和市场美誉度。比如当地海水捕捞业已经具备较强的品牌效应和市场影响力，成为当地的特色产业；当地的渔船修造行业也已经吸引了周边渔船过来维修保养。

3.3.2 劣势分析（W）

1. 交通区位条件不佳。

虽然岱山县海洋地理位置优越，地处长江、钱塘江入海处，东濒浩瀚无际的太平洋，西临杭州湾喇叭口，南邻定海、普陀，北接嵊泗列岛，据江海联运和长江"黄金水道"之要冲，是长江流域和长江三角洲对外开放的海上门户和通道，与亚太新兴港口城市呈扇形辐射之势，岱山港距上海国际航运中心洋山港仅 10 多海里，是上海国际航运中心集装箱枢纽港的后备港口。

城市发展交通先行，重大交通利好，是区域整体价值提升的重要动力。但是，陆路处于交通末梢之外，作为一个海岛县，岱山人民一直有着"连岛梦"。岱山人民要离开岱山，都需要坐船或者开车搭渡轮，这不但耗时间还极度影响物资进出，最终还影响到当地物价和经济建设。幸好，2019 年连接岱山岛和秀山岛的秀山大桥已经开通，让秀山岛民告别了出门坐船的历史。每一座城市的发展，背后需有强大的交通网络做支撑。交通，是让城市、经济高速运转的"大动脉"，从城市诞生之日起，交通系统便如同血液循环系统，承载起城市发展使命。

舟岱大桥作为宁波舟山港主通道的重要组成部分，如今也在快马加鞭的建设中。舟岱大桥已于 2020 年 12 月 29 日正式建成通车，另外连接上海的北向大通道二期的前期战略规划研究成果也已基本完成，未来岱山将依托北向大通道直达上海，接轨上海两小时经济圈！随着宁波舟山港主通道、甬舟铁路、秀山大桥等一批重大交通工程和宁波舟山港实质性一体化加快推进，岱山在区域综合交通格局中的地位显著提升，将实现岱山陆岛交通的大跨越，未来更有沪舟甬大通道贯穿其中，与周边大中城市有十分便捷的交通联系，区位优势将显著提升。

2. 渔港功能单一，产业空间布局混乱，三产融合不充分。

由于历史原因，岱山县渔港建设和发展缺乏长远的科学规划，导致现有岱山的各渔港功能单一，使得海水捕捞业与渔港配套服务、水产品加工、水产品交易流通、水产（仓储）运输等产业被空间分割，产业链条各环节存在较严重的脱节问题，限制了渔港经济区的深度拓展，进而也使得当地的三产无法有效融合，最终影响和限制了海洋渔业和相关产业的进一步发展。

同时，现有的渔港关联产业空间分布，不但影响自身的持续发展，而且也严重制约未来城市的发展空间。因此，岱山县亟须通盘考虑，长远规划，统筹解决城市发展与渔港发展的空间矛盾问题。

3. 渔港经济区关联产业发展不均衡，存在短板。

岱山县已经具有海洋捕捞产业、海水养殖业、海洋生物育种、水产品加工业、渔用机具修造业、渔用绳网制造业、水产交易流通行业、水产（仓储）运输业、休闲渔业和滨海旅游业等门类相对齐全的产业基础。

但是根据岱山县渔业统计年鉴数据显示，个别产业规模小、基础弱，诸如海洋生物育种、渔用绳网制造业等。2018 年岱山县涉渔流通和服务业经济总产出为 45919 万元，仅占渔业经济总产值的 0.78%；休闲渔业产值为 3288 万元，仅占涉渔流通和服务业的 7.16%。2018 年岱山县海洋生物育种年产值仅 439 万元，远洋渔业年产值仅 1143 万元。甚至，岱山县到 2021 年之前还没有渔用饲料和鱼药制造产业，渔港配套设施和配套产业也难以跟上相关产业的不断发展需求。这说明岱山县渔港经济区的各大关联产业发展水平参差不齐，短板明显。同时，换句话说，这些行业应该大有潜力可挖。

4. 高附加值的海洋战略性新兴产业基础薄弱。

岱山县具有丰富的海洋生物资源和海洋能资源，但当前新兴的具有高附加值的关联产业并未创建起来，诸如海洋生物医药产业和高端海洋装备产业等。

海洋生物医药业主要是指从海洋生物中提取有效成分，利用生物技术生产生物化学药品、保健品和基因工程药物的生产活动，包括基因、细胞、酶、发酵工程药物、基因工程疫苗、新疫苗、菌苗，药用氨基酸、抗生素、维生素、微生态制剂药物，血液制品及代用品，血型试剂、X 光检查造影剂、用于病人的诊断试剂，用动物肝脏制成的生化药品等。2021 年之前，我国已知药用海洋生物约 1000 种，分离得到天然产物数百个，制成单方药物 10 余种，复方中成药近 2000 种；获国家批准上市的海洋药物约 10 种，获"健"字号的海洋保健品有数十种。各国通过多年研究，现已知 230 种海藻含有多种维生素及药理作用，有 246 种海洋生物含有抗癌物质。2021 年之前，我国已经启动了海洋战略性新兴产业的规划研究工作，海洋生物医药产业面临着新的发展机遇。近年来，我国海洋生物技术研究已经从沿海、浅海延伸到深海和极地，特别是海洋生物活性先导化合物的发现、海洋生物中代谢产物的结构多样性研究、海洋生物基因功能及其技术、海洋药物研发等在国际上引起了高度关注，很多研究成果申请了具有自主知识产权的国内、国际专利。海洋药物已由技术积累进入产品开发阶段，将在抗艾滋病、抗肿瘤、卫生保健方面发挥重要作用。

从当前全球海工装备建造的格局来看，欧美是第一梯队，掌握设计的核心技术，以高端海工产品为主；韩国、新加坡是第二梯队，具备工程的总承包能力，正在向深水高技术装备领域发展；我国已经具备了一定的基础条件，但产品还属于中低端，高技术是我国的薄弱环节。未来，我国海洋装备制造业将重点发展三个方向：高端船舶及配套、海洋战略资源勘探开发及环境监测和海洋新材料。

与传统海洋经济相比，包括海洋生物医药、高端海洋装备产业等在内的海洋战略性新兴产业明显具备高附加值、高竞争力、高门槛等优势。但是，2021 年之前，岱山渔港经济区的产业还是处于传统海洋经济阶段，几乎没有海洋生物医药产业和高端海洋装备产业等海洋战略性新兴产业基础。因此，岱山县若想打造一流的渔港经济区，提升经济效益，海洋战略性新兴产业方面必须抓紧制定政策，加强招商引资力度，力争抢先站到创建和发展海洋战略性新兴产业的高点上。

3.3.3　机遇分析（O）

1．渔港经济发展前景广阔。

21 世纪是"海洋世纪"，在人口膨胀、资源短缺、环境污染问题日益凸显的今天，海洋正日渐成为人类可持续发展的重要战略依托，成为全球经济发展与竞争的新热点，世界主要沿海国家也都将向海洋进军作为重大的战略选择。党中央、国务院对加快我国海洋经济发展高度重视，党的十八大明确提出了发展海洋经济、建设海洋强国的战略目标，海洋经济正成为我国沿海地区新的经济增长点，探索海洋、开发海洋、利用海洋、保护海洋，必将大有可为。而渔港经济又是海洋经济的重要组成部分，目前不仅从国家层面，中央高度重视并陆续出台了各项政策措施；而且从浙江省层面出发，浙江省为了建设海洋强省，针对渔港经济发展不断推出各项发展举措。

2．政策环境良好。

《全国渔业发展第十三个五年规划》明确要求加强渔港经济区建设，实现依港管渔、依港拓渔、依港兴业、依港兴城、依港养港。加快渔港防灾减灾体系建设，科学规划、合理利用岸线资源，完善渔港布局，逐步形成以中心渔港、一级渔港为龙头，以二级渔港、三级渔港、内陆渔港和避风锚地为支撑的渔港防灾减灾体系。重点加强公益性基础设施建设，同步建设和完善港区渔需物资供应、船舶维修、水产品加工、市场等经营性服务设施。理顺渔港建设管理体制，依托渔港管理渔船，强化渔港管理和维护，明晰渔港设施所有权、使用权、经营权和监督权，建立健全渔港及其设施保护制度。该规划还提出以渔港建设带动渔区小城镇和渔村发展，加强渔区基础设施建设，重点解决饮水安全、用电、道路建设以及渔区村庄整治等问题。

《全国沿海渔港建设规划（2018—2025）》明确指出，打造"上海—浙江沿海渔港群"，规划期内以岱山高亭中心渔港、长涂一级渔港、大衢一级渔港为基础，重点支持扩建岱山高亭中心渔港、长涂一级渔港，升级扩建岱山大衢一级渔港为中心渔港，推动形成集水产品加工、冷链物流、休闲渔业等为特色的渔港经济区。

3．大力培育休闲渔业等短板产业。

近年来，舟山市和岱山县两级政府均高度重视发展休闲渔业。2018年1月，舟山市政府组织召开全市休闲渔业大会。会议指出，舟山市将结合国家绿色渔业实验基地的建设，把休闲渔业作为渔业产业结构调整的重要方向，推进休闲渔业从数量型向质量型发展，使休闲渔业成为舟山市渔业经济和旅游经济的重要增长极。同时，舟山市印发出台了《舟山市人民政府办公室关于加快推进休闲渔业转型升级的若干意见》，通过加强规划引领、促进转型发展、健全管理体系、优化发展环境等一揽子举措，推动休闲渔业从数量型向质量型发展。

自2018年1月下旬起，岱山县海洋与渔业局会同旅游局通过调研、座谈等方式，结合岱山县休闲渔业发展的现状谋划休闲渔业转型升级扶持政策，拟订了岱山县加快推进休闲渔业转型升级实施方案。2019年12月6日，岱山县政府发布的《岱山县加快推进休闲渔业转型升级实施方案》文件提出，认真贯彻落实党的十九大提出的乡村振兴战略，坚持"一、二、三产"融合和"生产、生活、生态"融合发展，结合国家绿色渔业实验基地建设和我县全域旅游示范县创建，把休闲渔业作为渔业产业结构调整的重要方向，加强规划引领和政策扶持，创新发展机制，规范经营管理，完善配套设施，加强安全监督，注重生态资源保护，推进休闲渔业从数量型向质量型发展，使休闲渔业成为全县渔业经济和旅游经济的重要增长极。

该文件提出，到2022年，全县休闲渔业经济总产出达到5亿元；创建农业农村部"最美渔村"3个、全国休闲渔业示范基地1家、省级休闲渔业示范基地3家、市级休闲渔业示范基地4家；更新改造一批新型休闲渔船，配套建设一批休闲渔业专用码头及服务设施，培养若干家休闲渔业服务企业，构建一套智能信息化管理系统，形成生态良好、产业提升、管理有序、效益显著的发展格局。

依据岱山县休闲渔船发展规划中的产业布局，重点发展包括岱山本岛、秀山、长涂在内的南翼发展区，以及衢山、三星、川湖诸岛在内的北翼发展区。岱山县还将大力发展并丰富休闲渔业发展模式。围绕城乡一体化进程和新农村建设，结合养殖基地、渔港等渔业设施及增殖放流等渔业活动，积极发展文化娱乐型、都市观赏型、观光体验型、展示教育型等多元化、精品化现代休闲渔业。

该文件还提出，根据岱山县的休闲渔业产业布局和各级渔港分布情况，合理布局岱山县休闲渔业码头，在现有休闲渔船上岸码头基础上提升改造一批休闲渔业专用码头。将休闲渔船泊位列入渔港发展规划。按照国家 A 级景区标准，经公开招投标，按照基本建设项目管理办法实施，主要建设内容包括客栈、游客通道、上岸码头、系泊岸线、停车场、公厕等配套设施。

岱山县政府还提出，结合"最美渔村""精品休闲渔业示范基地""渔家民宿""海洋牧场"等项目，促进休闲渔业与旅游、文化、交通、商贸等产业的深度融合，培育一批精品项目、综合体项目，丰富产品结构，拓展项目内容，实施全产业链发展。鼓励社会资本参与海洋牧场综合体等大型项目建设。对精品项目、综合体项目给予一定的补助。充分发掘渔村特色民俗，开展以"渔"为主题的休闲娱乐、餐饮住宿、渔家文化等系列活动，满足不同层次的游客需求。

此外，岱山县政府还提出，改善休闲渔业经营主体结构，进一步发挥渔民主体作用，重点支持转产转业渔民、大学毕业生返乡经营休闲渔业或为休闲渔业提供相关服务。鼓励休闲渔业协会或相关企业参与休闲渔业品牌建设、客源组织、产品开发、保险保障等服务，建立健全营销服务体系。鼓励休闲渔业企业联合经营，实施规模化规范化管理。到 2022 年，全县培育一批有较强服务能力的休闲渔业经营企业。

4. 滨海旅游服务业大有可为。

岱山县政府 2020 年度工作报告显示，2019 年，岱山县海岛旅游蓬勃发展。全域旅游总体规划编制完成。东沙古镇跻身省级旅游风情小镇，秀山滑泥公园获评省级生态旅游区，新增 A 级景区村庄 5 个、省级精品民宿 3 家，丽都大酒店建成营业。海岬半程马拉松、国际风筝赛入选省重点培育品牌体育赛事，"非遗让古渔镇焕发新活力"入选文旅部十大优秀案例。全年旅游接待人数 746 万人次，实现旅游收入 106.8 亿元，分别增长 15.1% 和 15.4%。该报告还提出，积极开拓长三角旅游市场，主动承接普陀山溢出效应，推出旅游惠民季活动，加快打造长三角独具魅力的海岛休闲度假基地。发展全域旅游，按照"一岛一主题、一岛一特色"，规划建设岱山海岛公园，加快提升本岛东北部、秀山泥岛花乡、岱西双合石文化村、衢山观音山等核心景区，争创东沙古镇 AAAA 级景区，打造高品质民宿群落 2 个。开发海岛深度体验游，培育发展滨海度假、休闲渔业、体育运动、军事研学、观光游艇等旅游业态。

此外，岱山县还计划深化海洋文化强县建设，充分挖掘非遗文化、佛教文化、徐福文化和盐文化，大力推进文创产品、文艺作品创作，建成县旅游文创产品销售中心，新建文化礼堂 7 个。实施文体惠民工程，推动文化礼堂、城市书房、农家书屋"建管用育"一体化建设。引导社会资本进入文化产业领域，推动文化与科技、旅游深度融合发展，培育引进文化企业 3 家以上。积极承办省级文化体育活动，高质量举办海洋文化节、弄堂节、听海节等特色活动。

《岱山县旅游业发展"十三五"规划》之中提出，岱山县将认真贯彻落实国务院《关于促进旅游业改革发展的若干意见》的精神，抓住舟山群岛新区上升为国家级新区和海洋旅游综合改革全面推进的战略机遇，适应经济发展新常态，突出海岛生态资源优势，以核心项目培育为抓手，以"旅游＋"为动力，促进体育、文化、城镇、乡村和旅游的有机融合，创新海洋旅游业态，推进市场开拓、服务质量提升和旅游公共服务体系建设，努力将岱山建设成为长三角著名的海上休闲度假旅游目的地。

3.3.4 威胁分析（T）

1. 区域竞争激烈。

海洋已成为沿海地区争夺长远优势的新领域，各地均纷纷抢抓海洋经济发展的政策机遇，加速启动海洋经济发展战略，导致沿海地区竞争加剧。同样，椒江与周边的各个沿海城市也形成了竞争态势。例如，各市的海洋产业发展规划显示，几乎每个沿海城市的海洋产业定位无一例外地都要重点发展海洋旅游业，这就在滨海旅游客源市场上形成了激烈竞争，对岱山县滨海旅游业的发展具有一定的制约作用。总之，沿海各城市之间必然在渔业码头、鱼货交易、渔业装备、海洋环保、海洋文旅等产业上出现激烈的全方位、多层次竞争关系。

2. 生态环境和海岛资源保护形势严峻。

随着沿海经济的迅猛发展，近海海域污染问题越来越严重，海洋环境质量明显下降，海洋生物资源及人类健康受到一定程度的影响，海洋环境保护压力增大。

近年来，在海岛资源保护力度不断加强以及海洋资源实施最严格保护与监管的大背景下，我国海岛及海岸带的开发利用已然明确了须以严格保护生态环境为前提，这一前提的直接影响从此次自然资源部发布《2017 年海岛统计调查公报》中披露出 2017 年海岛旅游资源利用程度与 2016 年持平、未见扩张与增长即可窥一二。实际上，这也正是我国包括海岛资源保护在内的海洋生态保护树立红线意识的一个集中缩影。如今看来，我国无人岛开发利用随着海岛生态保护政策的日趋严厉而未出现脱缰之势，至少，随着包括《2017 年海岛统计调查公报》在内的海岛生态保护体系的建立，我国海岛保护势必将呈现生态保护优先于资源开发利用的局面，尤其是随着《公报》所言的海洋督察的全面展开，各界对科学利用保护开发海岛资源的多年呼吁和期待也将加速落地。

未来，海洋资源利用的矛盾冲突仍会存在，岱山县海洋产业规划重点发展的滨海工业与海洋旅游业、海洋渔业之间的矛盾仍有待协调，能否找到合理的平衡点是岱山县海洋经济可持续发展的关键所在。

3. 居民海洋意识有待加强。

浙江海洋大学曾于 2017 年选取舟山市蚂蚁岛和登步岛为样本地区，利用无记名问卷调查和实地采访的形式，从居民对海洋问题的关注度、对海洋知识的了解度、对海洋意识的认可度与参与度三方面展开调查，客观阐述了舟山市海岛居民的海洋意识现状，发现居民海洋意识不强、有待提升，还提出了以政府引导为激励、以学校教育为支撑、以广泛宣传为抓手、以浓厚文化为依托的提升策略。

尽管各级政府已经把全面发展海洋经济提到了应有的高度，但是全社会关心、支持海洋开发利用的局面尚未形成，民众重陆域轻海洋的观念依然强烈，海洋经济意识、海洋环境意识、海洋保护意识仍有待提高。

3.3.5　岱山县渔港经济区建设的策略选择

岱山县渔港经济区建设的优势与劣势同在，机会与威胁并存（见图 3-12）。

因此，应当积极抓住机遇，规避威胁，扬长避短，谋求新的发展。根据SWOT分析方法，岱山县渔港经济区建设具体可以有四种选择策略，即SO策略、WO策略、ST策略、WT策略（见表3-13）。岱山县必须主动对接"长三角一体化"、长江经济带战略，融入舟山江海联运服务中心和全省港口一体化建设，推进港口开发开放，加快港航物流体系建设，加强海洋资源开发和保护，大力发展海洋经济，增强对区域经济发展的辐射力、影响力和带动力。

表3-13 岱山县渔港经济区建设的SWOT分析策略表

内部因素 外部因素	优势（S） 1. 位置优越，区位优势明显。 2. 资源丰富，发展基础较好。 3. 当地经济运行势头良好。 4. 发展基础相对较好。 5. 产业发展结构较为完整。	劣势（W） 1. 渔港功能单一，产业空间布局混乱，三产融合不充分。 2. 渔港经济区关联产业发展不均衡，存在短板。 3. 高附加值的海洋战略性新兴产业基础薄弱。
机遇（O） 1. 渔港经济发展前景广阔。 2. 政策环境良好。 3. 挖掘椒江海洋渔业优势。 4. 培育战略性新兴海洋产业。 5. 滨海旅游服务业大有可为。	SO策略： 1. 抓住机会，发挥优势，加快发展。 2. 立足于区位资源条件，重点发展海洋优势产业。	WO策略： 1. 优化产业布局，扶持新兴海洋产业发展。 2. 加快开发滨海旅游资源，大力发展高端滨海旅游业。 3. 合理定位港口功能，推进发展渔港功能以及港口物流业。
威胁（T） 1. 区域竞争激烈。 2. 生态环境保护形势严峻。 3. 居民海洋意识有待加强。	ST策略： 1. 实施差异化发展战略，与其他城市实现优势互补、错位发展。 2. 加强海洋生态环境保护，坚持渔港经济的可持续发展。	WT策略： 1. 实施科技兴海战略，构建海洋科技创新人才支撑体系。 2. 强化海洋意识，大力建设和弘扬海洋文化。

1. SO策略。

（1）抓住机会，发挥优势，加快发展。借助国家以及浙江省发展海洋经济的相关政策带来的发展契机，充分利用岱山县的区位、资源优势，以及"先行先试"的政策先机，大力发展海洋产业，促进海洋经济快速发展。要制订科学的渔港经济发展规划，协调好各类海洋资源的适度开发和合理布局，保护好实施海洋经济强市战略所需要的资源和环境基础，保障海洋经济做大、做强、做优，实现人与海洋的协调发展。

（2）立足于区位资源条件，重点发展海洋优势产业。岱山县的海洋区位优势还仅仅是一个岱山渔港及陆域的优势，尚未实现真正意义上的海域优势。要实现海洋区位优势从陆域到海域的转移，岱山县必须从实际情况出发，立足于现有区位资源条件，按照"有所为，有所不为"的原则，聚焦于既具有内部条件优势也具有外部环境优势的临海工业、滨海旅游业、现代海洋渔业等方面，重点发展海洋优势产业。

2．WO 策略。

（1）优化产业布局，扶持新兴海洋产业发展。《岱山县 2020 年政府工作报告》提出了推进港贸、港航一体化发展，积极打造专业化、大型化运输船队，提高港口货物运输本地化率，力争港口货物吞吐量达到 1.65 亿吨。改造提升传统制造业。抓好船舶工业高质量发展行动，引导企业研发制造特种船、海洋工程装备、邮轮等高附加值产品，加快推进浙江友联海工改建、常石集团邮轮制造、中交三航二期重型钢结构制作项目建设。建成投产上水集团金枪鱼综合利用加工基地。完善开发区基础设施，启动综合配套服务区建设，新建工业污水处理厂，建成标准厂房 2 万平方米。

（2）加快开发滨海旅游资源，大力发展高端滨海旅游业。随着居民生活水平的不断提高，舟车劳顿的观光旅游正逐步被休闲度假旅游所取代，休闲度假旅游产品成为市场热宠，需求十分旺盛。岱山县应当紧紧抓住这一良好发展契机，发展全域旅游，按照"一岛一主题、一岛一特色"，规划建设岱山海岛公园，加快提升本岛东北部、秀山泥岛花乡、岱西双合石文化村、衢山观音山等核心景区，争创东沙古镇 AAAA 级景区，打造高品质民宿群落 2 个。开发海岛深度体验游，培育发展滨海度假、休闲渔业、观光游艇等旅游业态。

（3）合理定位港口功能，推进发展渔港功能以及港口物流业。根据自身条件及港口在区域经济中的战略地位，合理确定港口功能和物流目标，并围绕国家中心渔港建设目标和现代物流理念加强港口的开发建设，将港口建设成为具有龙头示范效应的渔港经济区，改善港口物流的基础条件，提升港口的竞争力，提高港口服务经济的能力。

3．ST 策略。

（1）实施差异化发展战略，与其他城市实现优势互补、错位发展。适度的竞争能促进海洋经济的科学发展，但过度的恶性竞争必将导致巨大的资源浪费。

为避免过度的恶性竞争，岱山县一方面应当立足本地特色与条件，找准发展海洋经济的切入点，与其他城市加强合作，实现优势互补、错位发展，建设"人无我有"或"人有我优"的特色产业项目；另一方面要鼓励海洋科技创新，逐步提高海洋产业的科技含量，增强本地产品的不可替代性，提升发展的竞争力。

（2）加强海洋生态环境保护，坚持渔港经济的可持续发展。良好的海洋生态环境是沿海城市的形象与品牌，岱山县在推动渔港经济发展的同时更应该注重海洋生态环境保护，努力构建环境友好的渔港经济体系。要完善陆海污染综合防治网络体系，严格执行海洋工程、海岸工程等建设项目环境影响评价制度，积极修复海洋生态环境，遏制海洋污染，防御海洋灾害，以保障海洋资源的永续利用。

4．WT 策略。

（1）实施科技兴海战略，构建海洋科技创新人才支撑体系。发展渔港经济，进行海洋科技创新。针对专业性海洋人才普遍匮乏的困境，岱山县应当积极探索海洋专业人才培养和引进的路径与方法，充分利用本地教育资源开展海洋专业性人才的教育与培训，培养一支结构合理、素质较高的人才队伍；积极吸引优秀海洋人才到岱山县从事渔港经济建设的同时，鼓励海洋科技人才以多种方式参与岱山县的海洋经济建设。

（2）强化海洋意识，大力建设和弘扬海洋文化。海洋经济发展离不开海洋文化的发展，岱山县要重点发展海洋经济，必须强化海洋文化建设，促使广大市民树立新的海洋价值观、海洋国土观、海洋经济观以及海洋文明观，提高居民的海洋经济意识、海洋环境意识和海洋保护意识，形成一个全社会关心海洋、爱护海洋、重视开发海洋的良好局面。

3.3.6　岱山县渔港经济区建设策略的 SWOT 矩阵分析图

图 3-13 显示了在不同发展阶段渔港经济区产业集群根据自身优、劣势的变化及外界环境的变化，在减少弱点、回避威胁的防御型战略（紧缩战略），利用优势、回避威胁的多种经营型战略，利用机会、克服弱点的扭转型战略，及发挥优势、利用机会的增长型战略（发展战略）之间选择的动态变化进程。在战

略的选择和实施过程中，要避免盲目跨越发展阶段，针对具体情况和时期走好具体步骤，逐渐发展，并实现从弱到强的提升。岱山县渔港经济区产业集群经过全面、综合的提升式开发，最终会走向增长型战略的道路。

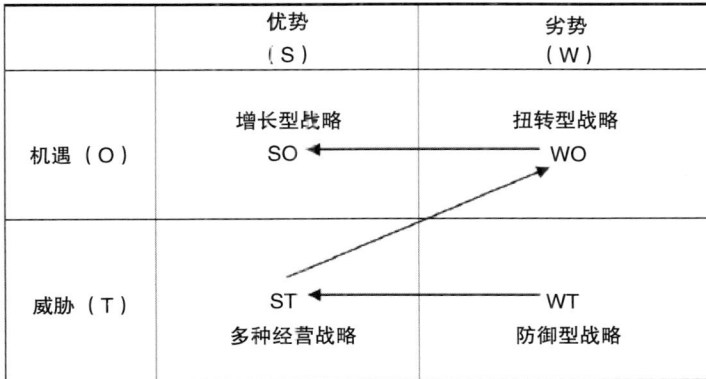

图 3-13　岱山县渔港经济区建设策略的 SWOT 矩阵分析图

3.4　基于全球渔港发展的产业对标竞争力分析

为了学习和借鉴国内外知名渔港经济发展的先进经验和有效的发展举措，避免在岱山县渔港经济区建设和发展过程中走弯路、走错路，因此，选择部分渔港发达国家和地区开展对比分析。

3.4.1　日本渔港的建设情况分析

海洋捕捞历来是日本渔业的主导产业，尽管近年来连续减产，但八成以上的产量仍由海洋捕捞所得。日本海岸线长 34758 千米，现有大小渔港 2900 多个，全国渔港海岸线总长为 6132 千米，平均每个渔港占有 2.1 千米海岸线，如沿全国海岸线平均计算，则每 12 千米海岸就有一个渔港。此外，全国现有 1100 多个商港中有近 80% 商港有渔船停靠、卸鱼、保鲜加工等设施。日本从 1951 年起，平均每隔 5 年就制订一个渔港建设计划。日本每年都拨出大量资金补助渔港的建设和维护。

日本还拟订了一项有效利用海洋空间，并可与周边环境相协调的海洋水产基地的建设方案，即在距海岸 500 米、水深 30 米左右的海域中建造浮动渔港，浮动渔港由浮桥设施与陆地岸基相连，周围用大型浮体防波堤围柱，形成一个适于渔船作业的港湾。拟建中的海上浮动渔港面积约 1 万平方米，可停泊250 ~ 300 艘渔船。港湾内有码头设施，可进行活鱼装卸、养殖、销售交易，甚至还有娱乐休闲场所。

1. 渔港及其设施分类。

截至 2014 年，日本有渔港 2909 个，按其使用范围分为四种：

第 1 种渔港：以当地的捕捞渔业为主。此类渔港 2179 个，占总数的74.9%。

第 2 种渔港：捕捞范围比第 1 种渔港大，但小于第 3 种渔港。此类渔港 517 个，占总数的 17.8%。

第 3 种渔港：捕捞范围为全国性的。此类渔港 114 个，占总数的 3.9%。其中对日本水产业有重要意义的特定第 3 种渔港共计 13 个。

第 4 种渔港：在孤岛及其他偏远地方，对于渔场的开发及渔船的避难具有特殊需要的渔港。此类渔港 99 个，占总数的 3.4%。

日本渔港中第 2 种渔港服务范围相当于我国的一级渔港，第 3 种渔港服务范围相当于我国的中心渔港。

各类渔港平均登记动力渔船数及卸港量见表 3-14，日本渔港设施分类见表3-15。

表 3-14　日本渔港平均登记动力渔船数及卸港量（2011 年数据）

渔港种类	每港平均登记动力（渔船数 / 艘）	每港平均实际停泊动力（渔船数 / 艘）	每港平均年卸港量（吨）
第 1 种渔港	45	55	355
第 2 种渔港	125	157	1775
第 3 种渔港	147	265	5431
特定第 3 种渔港	185	549	78564
第 4 种渔港	106	180	2172

注：渔港实际停泊动力渔船数除包括登记动力渔船数外，还包括非登记游渔船及其他在渔港内的作业船。

表 3-15 日本渔港设施的分类

分类		设施名
基本设施	外部设施	防波堤、拦沙堤、防潮堤、导流堤、水门、闸门、护岸、堤防、突堤及胸墙
	系泊设施	码头、卸鱼场、系船浮标、栈桥、浮桥、船置场及修船场地等
	水域设施	航道及锚地
功能设施	运输设施	铁路、道路、停车场、桥、运河及直升机场
	航行辅助设施	航标、渔船出入港的信号设施及照明设施
	渔港设施用地	各种渔港设施的占地
	渔船渔具保全设施	渔船保管设施、渔船修理厂及渔具保管修理设施
	补给设施	渔船的供水、供冰、供油及供电设施
	增殖及养殖设施	水产种苗生产设施、养殖饲料保管生产设施、养殖用作业设施及废弃物的处理设施
	捕获物的处理、保管及加工设施	卸鱼场、鱼货装卸机械、暂养设施、水产仓库、露天仓库、制冰设施、冷冻和冷藏设施功能设施及其加工厂
	渔业用通信设施	陆上无线通信、陆上无线电话及气象信号所
	渔港福利设施	渔港相关人员的住宿、浴池、诊疗所及其他福利保健设施
	渔港管理设施	管理事务所、渔港管理用材料仓库、船舶保管设施及其他用于渔港管理的相关设施
	渔港净化设施	为防止公害的引水设施及其他净化设施
	废油处理设施	处理渔船所产生的废油的相关设施
	废船处理设施	处理渔船的破碎物及其他处理用设施
	渔港环境整顿设施	广场、植被、休息所及其他为维护渔港环境整洁的相关设施

2. 日本渔港建设与发展的投融资。

渔港公共基础设施投资来源：国家补助为主，地方负担一部分（列入地方预算），有的渔港参加经营的民间团体也负担一部分。国家补助主要用于扶持建设渔港设施中的防波堤、码头、护岸、闸门、引桥、系泊浮筒、修船、航道锚地疏浚等基础设施和功能设施里的输送设施、公用设施用地、卸鱼场、渔港净化设施、费油处理设施，补助的比例因渔港类别、渔港所在地和设施类别的不同而不同（见表 3-16）。

表 3-16 日本渔港建设与发展的财政投入比例

渔港的种类	国家负担的比例
第 3 种渔港	北海道 70%~90%、其他地域 50%~70%（对于特定第 3 种渔港，67%~70%）
第 4 种渔港	北海道 70%~90%、其他地域 67%~75%
第 1 种、第 2 种渔港	北海道 70%~90%、其他地域 50%

渔港运营所需的基础设施资金可以通过民间团体自筹，或者从"国家农林渔业金融公库"获取贷款，贷款年利率在 5% ~ 6.5% 之间。对于灾害恢复贷款，年利率为 4.6%，贷款期限长达 20 年。贷款的额度上限为建设总投资扣除国家补助后的余额的 80%。

3. 日本渔港陆域功能区的布局。

不论规模如何，渔港的陆域功能区都应配置齐全的设施。主要的功能区包括：码头前沿装卸区（非作业时间可用作绳网场地）、综合作业区（包含传送、堆放、整理、包装、外运等功能，部分港口也用作拍卖大厅，还有的渔港设立活鱼交易区）、制冰、贮冰及加冰设施区，冷冻冷藏区，加油设施区，物资存放和绳网场区，办公管理区，停车场区以及绿化景观区等。规模较大的渔港还会设立渔船修造区。

在日本和我国台湾地区，由于渔港用地有限，一般物资供应区和水产品精深加工厂通常设在港区外围，并与当地城市建设融为一体。物资供应多结合在商业设施内，而水产品精深加工业在日本和中国台湾相当发达，产品类型丰富。这类企业广泛分布于后方的产业园区。

4. 鱼市场的运作模式。

日本的水产品市场分为一级、二级市场。一级市场通常与渔港综合作业区相结合，设在渔港码头区。一级交易区只对登记或渔业协同组合的会员开放，不对社会散户开放。这种模式也适合在中国推广，有利于维护港口环境和保证渔货品质。

5. 环保设施。

日本的渔港和鱼市场环境整洁、良好，没有异味，港池水质清澈，随处可见鱼儿游动。这得益于完善的硬件设施和细部环节设计的到位，同时也离不开有效的管理和民众的高素质。由于水产品离不开冰和水环境，因此分布广泛的排水系统和环境器具至关重要。在渔港和鱼市场可以看到，星罗棋布的污水排放系统遍布各个工作面和所有角落，加之方便的冲洗设施，使得最容易产生异味的地方也保持干净整洁。特别要提的是，码头前沿作业区内设有连贯的排水设施系统，确保码头面上的卸鱼水、冲洗水等含污物的废水全部进入排污系统，不会流入港池，从而保证港池水环境质量。

6. 板冰的应用。

板冰具有透明干燥、干净卫生的特点，其结晶结构比传统的桶冰、片冰等更为密实，比重和含冷量均高于其他制式冰。板冰可为鱼体提供更好的冷湿环境，保证水产品的新鲜度。在日本，所制板冰已达到食品级用冰卫生标准。板冰不仅品质上乘，其整套设施系统的工艺和性价比也具有极大优势。在同等规模情况下，建造成本和制冰成本可与传统的块冰持平甚至更低。

7. 日本渔港建设与发展经验的借鉴。

我们可以从日本的渔港建设中借鉴以下经验：一是进行超前规划，强化配套设施建设，积极引进并研发先进的渔港生产设施和装备以提高渔港的现代化水平；二是在设计和建设过程中注重细节设计并严格把控施工质量；三是深入研究渔港建成后的管理模式并加强管理人员的培训以提高管理水平；四是加大渔港环保工作的宣传力度，完善卫生管理政策并加强渔民的环保意识，同时加快渔港污水收集处理系统的建设或改造，增设完善的固体垃圾回收装置及渔船油污水、港内洗鱼水等污水的收集处理设施。

3.4.2　美国渔港建设概述

美国，这个水域资源极为丰富的国家，东、西两面临海，长达 22680 千米的海岸线赋予了它众多的渔港。国民对户外休闲和海上垂钓的热情促使美国的渔港经济区得以较早地发展，并在全球范围内处于领先地位。休闲渔业作为美国渔港功能多元化的核心方向，已经成功整合了渔港及其周边资源，通过提供高经济附加值的休闲垂钓、旅游观光等活动，为渔港带来了显著的经济效益。例如，旧金山的渔人码头就是一个成功的典范。这里不仅有鱼货直销市场、游艇码头、购物街、美食餐厅和水族馆等多样化的设施，还建有海事博物馆、海军纪念公园和沙滩等，吸引了大量游客前来购买新鲜海鲜、享受美食、娱乐和参观旅游。以休闲渔业为主导的渔港经济区不仅拉动了渔业和旅游业的发展，也为乡村经济注入了新的活力，改变了美国乡村的面貌，对美国经济和社会的发展产生了深远影响。

从美国渔港经济区的建设中，我们可以总结出两大关键经验：首先，政府的重视和引导至关重要。美国政府在渔港规划中充分把握了休闲渔业的发展机遇，通过一系列措施和制度规范，将渔港打造成为设施完备的休闲渔业和旅游胜地。同时，政府还通过各种方式积极引导国民参与休闲渔业消费，如媒体宣传、渔业休闲公益教育等，有效推动了渔港经济区的持续健康发展。其次，健全的管理机制和完善的法律法规体系是渔港建设的坚实保障。美国的渔港建设与管理被纳入渔业管理大体系之中，最高行政管理机构是国家海洋渔业局和内政部鱼类与野生生物局，而各州的管理事务则由各州相应的部门负责。在制度制定和建设规划上，联邦政府提出原则性的法规，而详细的实施细则是由各州根据自身的情况自主制定。这样的机制在保证了全国渔港和渔业发展步调一致的前提下，又赋予了州政府充分的自由，使各州的特色和优势能够充分地发挥。同时，各级政府都制定了相应的法律法规来规范和调整渔港经济区和休闲渔业的发展，形成了完整的法律法规体系。

3.4.3 韩国渔港建设情况概览

韩国，一个半岛国家，三面环海，拥有约 8700 千米的海岸线，赋予了它丰富的渔业资源，尤其在南部海域。2011 年，韩国的渔业总产量高达 325.1 万吨，其中海洋捕捞量占 53.57%，达 174.16 万吨。全国共有 2235 座渔港，包括 874 座法定渔港和 1361 座非法定渔港。

在 20 世纪 60 年代，随着韩国工业化的飞速发展，农业和渔业曾一度被忽视，导致农村和渔村的发展滞后于城市。这促使大量农民和渔民迁移到城市，使得农业和渔业失去了大量的劳动力，进一步拉大了城乡差距。为了扭转这一局面，自 70 年代起，韩国实施了"新村运动"，重视并重新振兴农业、渔业及农村、渔村的发展。经过 30 多年的努力，韩国的渔业逐渐走向现代化，渔民生活水平显著提高，渔村环境得到改善，渔港建设也取得了显著成就。

进入 21 世纪，韩国渔港建设的目标逐渐转向功能多元化的现代渔港。以下是其建设经验和新时期的规划思路：

政府的高度关注和资金投入对渔港发展起到了关键作用。在实施"新村运动"过程中，政府对农业和渔业的重视前所未有，资金投入也大幅增加。渔港作为渔业的基础设施，得到了重点支持和资金保障。根据渔港的等级，国家渔港的建设和维护资金由国家全额提供；地方渔港则由国家和地方各投资 50%；而渔村法定渔港和非法定渔港则由地方自主开发。

完善的法律法规和健全的行业组织确保了渔港的高效管理。韩国制定了包括《渔村渔港法》在内的渔业法规体系，并明确了各部门的职责：海洋水产部负责渔港规划，设计部门负责工程设计，而日常管理工作则由海洋水产部和地方政府行政主管部门共同负责。此外，各种渔业社团和协会组织也发挥了重要作用，如韩国渔港协会和水协中央会等，它们在渔港建设、渔业生产、安全保障等方面提供了重要支持。

功能多元化的建设策略保证了渔港的可持续发展。21 世纪的韩国渔港建设更加注重综合性发展，将水产品供应与休闲、旅游、度假等功能相结合，提升渔港的综合实力。这种策略不仅增加了渔民的收入和就业机会，也吸引了更多的资源投入渔港和渔村的建设中。

韩国还注重渔港与渔村的联动发展。通过将渔港经济与海洋旅游、休闲等产业相结合，进一步推动渔村文化旅游等产业的发展，开发多功能的综合性渔港。同时改善渔村生活环境，吸引城市劳动力到渔村，创造更多的就业机会促进渔民增收。此外，韩国还注重渔港经济区建设，推动相关产业集群化发展，加速渔村现代化建设，提高渔港的都市化进程。例如格浦渔港的建设开发事业为地区经济和社会发展带来了巨大的效益，表明了搞活渔港功能促进相关产业集群化发展的重要性，对渔港经济区建设具有重要的实践意义。

3.4.4　中国台湾渔港概况及建设分析

截至 2010 年，中国台湾地区渔港总数达 225 处，涵盖了海岸港、河道潟湖港、商港内渔业码头以及离岛港等四种类别。这些渔港广泛分布于台北县、宜兰县、高雄县、澎湖县等 21 个县（市），总计码头长度近 18.87 万公尺，泊地面积达 898.5 公顷。令人瞩目的是，平均每 7.1 千米海岸线、每 120 艘船就拥有一座渔港，这相比大陆沿海地区平均每 228 千米、1900 多艘船才有一座同类渔港的情况，显示出台湾渔港的密度之高。

1. 渔港规划与建设流程。

中国台湾渔港依据其规模与功能被划分为四类。渔港项目的建设申请主要由所在地的渔会提出，并根据拟定建设的渔港级别上报至相关主管机关进行审批。

一类渔港：为重点渔港，拥有 10 万平方公尺以上的泊地面积，能停泊 100 吨级渔船 100 艘以上。配备了鱼市场、起卸码头、渔船补给、鱼货加工冷冻及船机修理保养等设施。全年作业渔产量可达 2 万吨以上。目前共有 9 个一类渔港，由台湾渔业署主管。

二类渔港：其规划与建设计划由直辖市渔业局提出，并上报至台湾渔业署进行核定，最终经经建会审批后实施。

三类与四类渔港：规划与建设计划由县（市）渔业局拟订，并经过台湾渔业署的核定和经建会的审批。

在渔港设施建设方面，各级主管机关依据计划编列预算进行建设，并在建设完成后交由当地渔会无偿使用。设施主要分为基本设施、公共设施和一般设施，各类设施的建设、维护和管理责任明确。

2. 渔港的维护与管理。

对于不同类型的渔港，管理机构也有所不同。一类渔港由"中央主管机关"设立管理机构；二类渔港由直辖市主管机关管理；三类和四类渔港则由县（市）主管机关负责管理，并设置专职人员进行维护。为维护渔港的持续运行，主管机关每年编列预算进行各项维护工作，并向基本设施使用者收取管理费用。

3. 渔港的消防安全。

中国台湾渔港的消防工作由消防部门承担。在渔港陆域范围内均配置了消防设施，如消火栓、灭火器等。大中型港口更是配备了消防船，确保港区内外船舶的消防安全。消防人员常驻港区，一旦接到警报能迅速出警。

4. 渔港的监督管理。

中国台湾渔港的监管机构是海巡署。所有进出港的船舶都必须向海巡署报告，并在经过海巡署人员登船核查后才能放行。海巡人员展现出高度的职业素养，对港区内的任何活动都能迅速响应并进行记录。此外，海巡署还承担领海和专属经济区的巡察任务，相当于同时履行了大陆海监和渔政的职责。

5. 渔港的运营与管理。

在中国台湾，共有 40 个渔会，包括 1 个省渔会和 39 个区渔会，这些渔会负责当地渔港的运营和管理工作。面对当前渔业资源的日益匮乏，渔会不仅指导渔民转向休闲渔业、观光、购物和海鲜餐饮等多元化经营，还积极推动渔港功能的多元化，以促进捕捞渔民的转业和提高渔村的经济效益，从而改善渔民的生活水平。淡水渔人码头就是一个成功的例子，它的主要功能已经由渔业捕捞和渔船避风转变为旅游、休闲、观光、购物和餐饮等，这种多元化的经济功能不仅激活了渔港的经济，还增加了渔民的收入，推动了渔业经济的发展。

6. 借鉴中国台湾渔港建设与发展的经验。

首先，从财政资金扶持政策上看，台湾地区的渔港建设和维护费用主要由渔业署承担，县市"政府"和渔会也会给予相应的配套资金。对于一类渔港，渔业署会全额出资；对于二类渔港，渔业署会根据情况给予不超过 70% ~ 80%的补助。相比之下，大陆地区的渔港建设资金则是由中央、省、市县财政和渔民自筹资金共同组成。

其次，台湾渔港的基础设施建设历史悠久，早在日据时代就已开始。经过多年的改造和扩建，台湾渔港的后方配套服务设施完善，能满足渔船的生产需求。此外，许多渔港已成功转型为旅游型、休闲型等多功能渔港，渔港经济区已初具规模。

再者，政策保障力度大也是台湾渔港建设的一大特点。例如，高雄港作为台湾最大的海港和世界著名大港，当地港务局在高雄港区专门留出一块较大区域作为渔港使用，确保了渔业与海运的协调发展。

此外，台湾积极推进"渔港建设计划"，改善渔业公共设施建设，并规划渔港功能的多元化利用，以满足人们的休闲需求。许多台湾渔港已集渔业、休闲、娱乐为一体,甚至被列为观光点。例如,苏澳区渔港和淡水渔人码头都是集渔业、观光、餐饮为一体的成功典范。

最后,台湾地区通过引导发展渔民专业合作组织来加强渔港的管理和运营。这些组织在渔港渔村建设、渔民自律管理、渔业休闲观光等方面发挥着重要作用。对于大陆地区而言,可以借鉴台湾的经验,加强引导和规范捕捞渔民专业合作组织的建设和发展以实现渔民的自我管理、自我监督和自我发展。

3.5 岱山县渔港经济区建设与发展过程中存在的问题

3.5.1 管理体系不够健全,渔港综合管理能力不强

岱山县作为海岛型渔港,积极开展了"港长制"、设立渔港管理站等工作,但还处于初步探索和试点阶段,仍然存在渔港港界港权不清晰、渔业管理设施配套不足、管理机构不健全、管理体制与运行方式不协调、管理人员不到位等问题,严重影响了渔港的运行效率,渔港综合管理能力亟待提高。

3.5.2 渔港功能单一,产业空间布局混乱,三产融合不充分

由于历史原因,岱山县渔港建设和发展缺乏长远的科学规划,导致现有岱山县的各渔港功能单一,使得海水捕捞业与渔港配套服务、水产品加工、水产品交易流通、水产(仓储)运输等产业被空间分割,产业链条各环节存在较严重的脱节问题。渔港对其他相关产业和渔区经济发展的推动作用不强,渔港功能未得到充分发挥,未形成多元化的发展格局,进而限制了渔港经济区的深度拓展,也使得当地的三产无法有效融合,最终影响和限制了海洋渔业和相关产业的进一步发展。

岱山县渔港还存在规划引领不足、功能布局混乱等问题,渔港周边综合环境较差,建筑外立面破旧,港容港貌及港区环境亟须提升,否则严重影响市容市貌。同时,现有的渔港关联产业空间分布,不但影响自身的持续发展,而且也严重制约未来城市的发展空间。因此,岱山县亟须通盘考虑,长远规划,统

筹解决城市发展与渔港发展的空间矛盾问题。

3.5.3　渔业码头配套设施不足，渔港综合服务能力欠缺

近年来，通过高亭中心渔港多阶段建设工程、衢山镇大衢一级渔港建设工程、长涂镇长涂一级渔港建设工程等，岱山县渔港区的建设取得了一定成效，渔港避风能力得到了相应提升。但与渔港区渔业码头泊位不足、后方陆域场地不够、渔业配套设施欠缺等问题仍然突出，渔港系统美化亮化工程缺失，经营性设施建设不同步，与其他产业和基础设施建设、区域经济和海洋经济的发展缺少有机结合和紧密联系，综合保障服务能力有待提升。同时，三级渔港和等级以下渔港的淤积也较为严重，阻碍了渔船正常通航和港内作业，影响了渔民日常锚泊。

岱山县渔港产业以渔货装卸、运输、简易冷冻冷藏为主，水产品加工与冷链物流等产业发展迟缓，涉渔的滨海旅游业处于起步阶段，缺乏有特色的高品质休闲渔业产品，渔业科技服务业及金融服务业等生产性服务业缺失。制冰厂、油库、修造船厂等配套设施无法满足渔业发展要求。

此外，渔港码头供冰、供油、油污可收等配套产业缺乏科学、合理引导和布局，对于停靠码头的渔船来说，物资补充和油污回收处理都极不方便，与水产品交易物流、冷藏加工、休闲渔业等关联产业也存在配套脱节问题。修造船厂位置的分布，对于渔船停靠、维护、保养等操作也不理想。国外先进的渔港在港区还设有信息发布及时的智慧化渔港指挥中心，在岱山渔港区基本属于粗放式作业。

3.5.4　渔港经济区关联产业发展不均衡，存在短板

岱山县已经具有海洋捕捞产业、海水养殖业、海洋生物育种、水产品加工业、渔用机具修造业、渔用绳网制造业、水产交易流通行业、水产（仓储）运输业、休闲渔业和滨海旅游业等门类相对齐全的产业基础。

但是根据岱山县渔业统计年鉴数据显示，个别产业规模小、基础弱，诸如

海洋生物育种、渔用绳网制造业等。2018 年岱山县涉渔流通和服务业经济总产出为 45919 万元，仅占渔业经济总产值的 0.78%；休闲渔业产值为 3288 万元，仅占涉渔流通和服务业的 7.16%。2018 年，岱山县海洋生物育种年产值仅 439 万元，远洋渔业年产值仅 1143 万元。甚至，岱山县还没有渔用饲料和鱼药制造产业，渔港配套设施和配套产业也难以跟上相关产业的不断发展需求。这说明岱山县渔港经济区的各大关联产业发展水平参差不齐，短板明显。

3.5.5 渔港区域生态环境破坏，环保意识缺失，渔民素质有待提升

随着沿海经济的飞速发展，近海海域的污染问题日益严重，导致海洋环境质量显著下降。这不仅对海洋生物资源造成了一定影响，也对人类健康构成了威胁，从而加大了海洋环境保护的压力。展望未来，海洋资源利用的矛盾和冲突仍将持续存在。岱山县在海洋产业规划中重点发展的滨海工业与海洋旅游业、海洋渔业之间的矛盾亟待协调。找到这三者之间的合理平衡点，对于岱山县海洋经济的可持续发展至关重要。

岱山县渔港具有较大的辐射区域和受众范围，而水域作为渔港的核心区域，其水质污染会严重破坏渔民及附近居民的生活环境，打破生态平衡，对海洋生物的生长和繁殖造成不利影响，进而影响到渔获物的质量和数量，阻碍渔港经济区的建设和经济发展。截至 2018 年底，岱山县的渔业人口达到 58909 人，其中大部分是从事海洋捕捞的渔民。这部分人群的整体素质有待提高，他们的环保意识相对薄弱，且收入来源相对单一。

3.5.6 休闲渔业配套设施不足，制约渔业转型升级

2018 年岱山县涉渔流通和服务业经济总产出为 45919 万元，仅占渔业经济总产值的 0.78%；休闲渔业产值为 3288 万元，仅占涉渔流通和服务业的 7.16%，休闲渔业发展明显滞后。岱山县拥有得天独厚的海岛和渔港资源，同时聚集大量依托渔港发展的产业，但是随着海洋渔业资源长期处于过度捕捞状态，大大

超过资源承载力。为了岱山县海洋经济的可持续发展，亟须转变渔业发展方向，发展休闲渔业，培育新的经济增长点。但岱山县休闲渔业配套设施仍不完善，不断增长的休闲渔船数量和可供停泊的码头泊位数量不足的矛盾日渐突出，制约了相关产业的健康发展。

岱山县休闲渔业尚处在初级阶段，对发展休闲渔业缺乏完整的总体规划，其布局结构不尽合理，基本上以企业或个人自主开发为主，存在着规模小、功能单一、设施不配套、相关服务跟不上的问题，大规模综合性休闲项目还较缺乏，知名度不够，同时经营者对发展休闲渔业缺乏相应的经营管理经验，阻碍了休闲渔业发展，渔业转型升级受到制约。

3.5.7　海岛和滨海的旅游产业定位不清晰，产业结构不合理

岱山旅游仍长期处于政府主导阶段，市场在资源配置中的决定性作用尚未发挥。而且一直以来，由于缺乏突出的旅游资源，岱山旅游在舟山市南普陀、北嵊泗的旅游竞争格局中始终难以找准自己的定位。由于岱山旅游专项资金有限，又要兼顾各区块之间的平衡，许多优质的旅游资源难以大投入开发，制约了景区发展。岱山县住宿业的星级宾馆数量不足，经营的季节性差异较大，客房数、床位数、入住率更是逐年下降。旅游购物、娱乐项目缺乏特色、创新，产品结构过于单一、低端，导致游客停留时间短、消费水平不高。而作为旅游产业风向标的旅行社则数量偏少，难以有效发挥它的市场带动作用，不利于旅游产业的结构调整和快速发展。

近年来，受国家经济增速放缓、旅游投资市场持续降温的影响，岱山旅游的海景房产项目和酒店宾馆项目的投资越发谨慎，多数项目出现建设延期、资金不到位的情况，部分项目长期处于停工状态。大型涉旅项目的不景气，直接影响了岱山旅游的发展势头与产业格局。而且外资招商难度较大，缺乏重大举措引入国际国内知名旅游企业。

第4章　岱山县渔港经济区
产业发展思路与策略

4.1　发展思路

4.1.1　指导思想

全面贯彻党的二十大精神,以习近平新时代中国特色社会主义思想为指导,统筹推进"五位一体"总体布局,协调推进"四个全面"战略布局,牢固树立和贯彻落实新发展理念,促进海洋生态文明建设和乡村振兴战略的实施,依据《全国沿海渔港建设规划(2018—2025年)》,抓住历史机遇,以打造岱山渔港经济区为宗旨,立足岱山、吸引浙江、面向全国,坚持"依港兴港、依港拓渔、依港管渔、依港兴业、依港兴城",高起点、高标准建设以高亭中心渔港为核心的岱山渔港群,因地制宜加快渔港经济区的水域、陆域、岸线联合滚动开发,培育壮大特色海洋渔业经济,巩固和提升渔业传统服务功能,按照"3+4+4+8"的总体部署(明确三大功能定位,把握四个原则,确立四大目标,实施八大产业发展策略),促进一二三产融合发展,注重港城联动和文化传承,把岱山渔港经济区建设成为区域水产品交易及物流集散中心、渔获物定港上岸渔港综合管理示范区、美丽渔港和美丽渔村的样板区。

4.1.2　功能定位

1. 国家级综合渔港经济区。依托高亭渔港为核心的岱山渔港群,充分利用丰富的渔业资源、海岛资源、文旅资源及产业发展基础,着力改善渔港配套设施,促进科技兴渔,发展涉渔工业、服务业,力争建设成为集渔船靠泊、渔需物资供应补给、水产品交易物流、水产品加工、休闲渔业产业等为一体的全国知名的综合渔港经济区。

2. 国家渔业渔村可持续发展样板区。以渔业产业、资源环境、渔区社会可持续为目标，以绿色发展为理念，优化捕捞空间布局，调减近海、开拓外海，着力发展远洋渔业；充分发挥渔村特色，大力发展渔文化展览、体验式捕捞、渔港美食、渔家民宿等休闲渔业产业，实现渔民转产转业；补齐资源环境短板，促进渔业可持续发展，打造国内具有示范作用的渔业渔村可持续发展样板区。

3. 区域性渔获物交易及物流集散中心。依托岱山渔船多、产量大的基础条件，结合舟岱大桥即将建成通车带来的交通条件的巨大改变，大力发展建设蟹文化产业园等水产品交易集散中心，进一步加强水产交易市场的规模化、现代化和综合化，布局建设以水产品加工、交易、冷链物流、渔业配套服务为一体的渔业产业链，吸引周边作业渔船到港交易，形成区域渔获物交易及物流集散中心。

4.1.3 基本原则

1. 强调资源利用与生态保护的融合。借助渔港经济区作为平台和工具，构建智慧渔港，全面提升渔港管理的信息化程度，合理开发并利用海洋渔业资源。严格控制并逐步降低捕捞强度，积极推动捕捞渔民转向其他产业。同时，加强海洋渔业资源环境保护，养护水生生物资源，改善海洋生态环境，确保可持续利用。

2. 转变发展方式与创新体制机制相辅相成。通过渔港经济区的规划建设，完善渔港的基础设施和基本服务功能，重点发展水产品加工、冷链物流、市场交易等渔业相关的第二、三产业，延伸渔业产业链，促进渔业供给侧结构性改革和产业融合发展。同时，改革和完善海洋渔业经营管理制度，持续激发发展活力。

3. 发展生产与改善民生并重。提升海洋渔业设施装备水平和组织化程度，加强安全生产管理和服务，确保渔民生命财产安全。同时，加强渔村建设，改善渔区基础设施条件，推进渔区社会事业全面发展，不断提高渔民生活水平。

在集聚产业的同时，要综合考虑各种资源要素，推动产业与城市的融合，促进人口集聚。

4. 市场调节与政策扶持并行不悖。发挥市场在资源配置中的决定性作用，建立现代渔业的多元化投入机制，吸引社会资本投资经营渔港、系统性开发渔港陆域区块和高附加值产业，增强渔港的自我发展能力，提升渔港的综合发展水平，实现以港养港。同时，将海洋渔业作为公共财政投入的重点领域，着力改善基础设施和装备条件，提高科技支撑能力，健全基本公共服务体系。

4.2　发展目标

围绕以岱山中心渔港为核心的渔港群整体提升建设，着力完善渔港经济区产业体系，建设集渔船避风补给、产业发展和城镇建设为一体，渔业及相关产业集聚，产业链结构完备，产业层次较高的综合型渔港经济区。主要发展目标如下（见表 4-1）：

4.2.1　产业集聚水平更强

依托现有海洋捕捞产业优势，重点培育设施化养殖、冷链物流、水产品交易及精深加工等产业，提升渔业对相关产业的辐射带动能力，大幅提高渔业及相关产业规模总量。实现渔业经济总产出年均增速 6% 以上，争取到 2025 年，渔业经济总产出突破 80 亿元。

4.2.2　产业结构更优

着力调整渔业产业结构，以蟹文化产业园集散中心建设为牵引，保持渔业一产稳步增长，二产优化提升，三产突破式发展，实现岱山渔业从传统捕捞向一二三产业融合发展转变，推动渔业经济转型升级。到 2025 年，渔获物交易物流和休闲渔业取得长足发展，渔业三产比重由 2018 年的 7.90% 提升到 20% 以上。处理好渔业发展"量的增长"与"质的提高"的关系，积极推进减船转产，促进节水减排、清洁生产、低碳循环、持续发展，促进水产品生产的绿色、高效，改善水域生态环境；积极开展增殖放流，推进海洋牧场建设，遏制近海渔业资源退化趋势。

4.2.3 科技创新能力更强

坚持生态优先、养捕结合和以养为主的发展方针，全面推进渔业供给侧结构性改革，积极培育渔业发展新动能，在渔船渔港设施装备、良种良法、岛礁渔业、设施化养殖、精深加工以及智慧渔业等方面加强共性关键技术攻关和相关科技推广应用，着力培育一批现代渔业企业，拓展外海、发展远洋，加快形成产出高效、产品安全、资源节约、环境友好的现代渔业发展新格局。到 2025 年，建成数字渔业综合服务平台，渔业信息装备水平和组织化程度明显提高，科技对渔业生产的贡献率达到 70% 以上（《全国渔业发展第十三个五年规划》设定科技进步贡献率超过 60%）。

4.2.4 渔区更繁荣

按照产业兴旺、生态宜居、乡风文明、治理有效、生活富裕的总要求，因地制宜，从渔业产业、渔业设施、渔业产品、渔业资源、渔业文化、渔乡风情等着手，重点开展海上垂钓、休闲旅游、渔村民宿、海鲜美食、渔耕文化等建设，打造产业集聚、人文气息浓厚、生态环境优美的特色村镇。加快"互联网 + 农业农村"技术的融合和示范应用，提升农业农村现代化水平。推进岱山县休闲渔业发展，重点建设岱西双合、衢山凉峙、大蛟山等已有较好基础和知名度的休闲渔村，建设成为"生态环境优美、休闲特色鲜明、渔业文化浓郁、渔村风情独特"的最美渔村，支持渔村公共基础设施及环境美化设施建设，推动民宿、渔家乐、海钓及体验式休闲渔业的发展。

表 4-1　主要发展目标

指标类型	指标名称	2018 年	2025 年
产业规模和结构	海水水产品产量（万吨）	40.48	42
	其中海洋捕捞产量（万吨）	33.57	33
	海水养殖产量（万吨）	6.47	8
	远洋捕捞（万吨）	0.44	1
	渔业经济总产出（亿元）	58.09	80
	其中渔业（亿元）	40	50
	涉渔工业（亿元）	13.50	18
	涉渔流通和服务业（亿元）	4.59	12
	三产占比	7.90%	20%
科技能力	科技对渔业生产的贡献率	—	70%

4.3　产业发展策略

渔港经济区是基于产业链理论构建的。该理论强调，在企业的发展过程中，向顾客提供商品和服务不仅依赖于企业自身的生产能力，同时也受到产业链上下游企业的影响。因此，企业在发展过程中需要不断解决制约产业链发展的问题，提高与上下游企业的协作效率，从而提升整个产业链的运作效率和企业竞争力。

为了实现渔业的可持续发展，必须转变传统的发展观念，摒弃过去为了追求水产品数量而不惜代价的发展方式，实现渔业发展的适度性和协调性。需要将生产策略与资源环境相协调，在提高经济效益的同时，充分考虑环境的适应能力。需要重视渔业发展质量，有效整合渔业产业链，不断提升渔业发展的可持续竞争力，实现渔业产业的可持续发展。这意味着要采取一种更加综合和长期的方法来管理渔业资源，平衡经济、社会和环境三方面的需求，确保渔业的健康和持久发展。综合考虑当前的发展条件、产业基础、市场需求、政策导向、周边竞争等因素，结合发展目标定位，从产业链长、关联度高、增长快、对相关产业发展的驱动力大等方面筛选，确定岱山县渔港经济区八大产业，着力培育"2312"产业体系（见表 4-2、图 4-1）。其中，海洋捕捞、海水养殖作为 2个基础产业，为其他产业提供原料和基础发展条件，属渔业传统产业，发展平稳但转型升级压力较大；水产加工、渔业装备制造和交易物流作为 3 个核心产

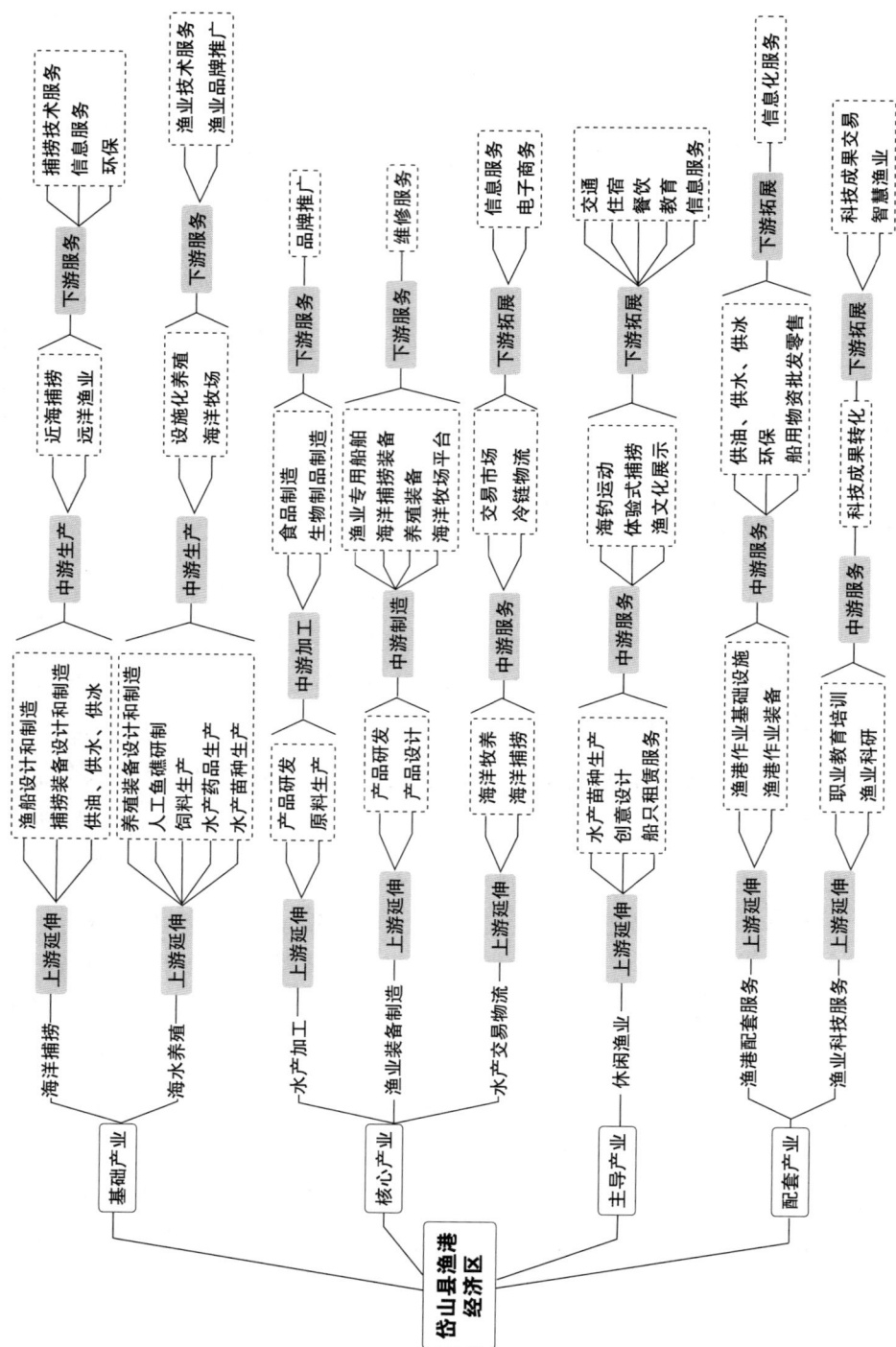

图4-1 岱山县渔港经济区产业链

岱山县渔港经济区

基础产业
- 海洋捕捞
  - 上游延伸：渔船设计和制造、捕捞装备设计和制造、供油、供水、供冰
  - 中游生产：近海捕捞、远洋渔业
  - 下游服务：捕捞技术服务、信息服务、环保
- 海水养殖
  - 上游延伸：养殖装备设计和制造、人工鱼礁研制、饲料生产、水产药品生产、水产苗种生产
  - 中游生产：设施化养殖、海洋牧场
  - 下游服务：渔业技术服务、渔业品牌推广

核心产业
- 水产加工
  - 上游延伸：产品研发、原料生产
  - 中游加工：食品制造、生物制品制造
  - 下游服务：品牌推广
- 渔业装备制造
  - 上游延伸：产品研发、产品设计
  - 中游制造：渔业专用船舶、海洋捕捞装备、养殖装备
  - 下游服务：维修服务
- 水产交易物流
  - 上游延伸：海洋牧养、海洋捕捞
  - 中游服务：交易市场、冷链物流
  - 下游拓展：信息服务、电子商务

主导产业
- 休闲渔业
  - 上游延伸：水产苗种生产、创意设计、船只租赁服务
  - 中游服务：海钓运动、体验式捕捞、渔文化展示
  - 下游拓展：交通、住宿、餐饮、教育、信息服务

配套产业
- 渔港配套服务
  - 上游延伸：渔港作业基础设施、渔港作业装备
  - 中游服务：供油、供水、供冰、环保、船用物资批发零售
  - 下游拓展：信息化服务
- 渔业科技服务
  - 上游延伸：职业教育培训、渔业科研
  - 中游服务：科技成果转化
  - 下游拓展：科技成果交易、智慧渔业

业，在产业体系中处于较为领先的地位，具有相当的规模，能够最迅速、有效地吸收创新成果，满足大幅度增长的需求而获得持续高增长率，代表产业结构演变方向或趋势，对其他产业有广泛的直接和间接影响；休闲渔业产业为主导产业，是促进岱山渔业从数量型发展向质量型发展、调整渔业产业结构的决定因子，是全县渔业经济和旅游经济最重要的增长极；渔港配套服务和海洋科技服务作为 2 个辅助产业，是引领产业高质量发展的关键，是促进产业融合发展的内在驱动力、催化剂和黏合剂，可催生出岱山渔业新的产业业态、新的经济增长点和新的市场空间。

表 4-2　岱山县渔港经济区产业发展策略

产业类别	产业名称	所处产业链地位
一产	海洋捕捞	基础产业
	海水养殖	基础产业
二产	水产加工	核心产业
	渔业装备制造	核心产业
三产	休闲渔业	主导产业
	交易物流	核心产业
	渔港配套服务	辅助产业
	海洋科技服务	辅助产业

4.3.1　海洋捕捞

1. 发展态势。

近海渔业资源衰退及海洋生态环境恶化日趋严重已引起社会各方面广泛关注，《国务院关于促进海洋渔业持续健康发展的若干意见》明确提出了我国近海渔业的发展方向，即控制近海捕捞强度养护和恢复渔业资源与生态环境，近海渔业发展方向从之前的注重开发利用转为注重资源养护。当前海洋捕捞是建立在先进的技术、设施装备、产业组织和较强的产品竞争力基础上的可持续发展，需要聚焦科技创新，以新技术、新模式、新装备助推渔业现代化，与互联网产业正走向深度融合，不断提高海水捕捞业信息化水平。随着我国"一带一路"和"走出去"战略的实施,远洋渔业作为海洋产业的一个传统而重要的内容,既面临着困难和挑战,又迎来了难得的发展机遇。这对于促进国内渔业转型升级、提高国际渔业竞争力具有十分重要的意义。同时,远洋渔业是海洋经济的引领产业,与第二、第三产业紧密相连,展现出显著的产业联动效应。其发展不仅能驱动渔船、渔机制造业,物流业、加工业,通信业等多个产业的协同增长,更能催化相关技术进步。通过深度融合第二、第三产业,远洋渔业能有效提升渔业产业链水平,激活区域经济,同时创造更多的经济价值和就业机会。

当前,全球海洋渔业资源分布和国际渔业形势正在经历深刻变革。全球渔业资源养护和管理日趋严格,旨在维护长期利益和既有利益。远洋渔业发达国家巧妙利用既有地位制约后来者的发展。各沿海国家或主权国家纷纷调整入渔政策,提高准入标准。国际社会对公海渔业资源的管理也日益严格,管理范围和内容不断扩展。例如,高端渔业资源如金枪鱼的生产配额已阶段性分配完毕,而大宗远洋品种如鱿鱼、秋刀鱼和中上层鱼等也逐渐纳入国际公约管理范围,即将实行国际配额管理。

远洋渔业面临的竞争不仅来自国际层面,也存在于国内各省之间。近年来,国内沿海省市纷纷将远洋渔业作为重点产业进行扶持和培育,措施接连不断。广东、辽宁、山东、福建、上海、深圳等沿海省市充分利用各自优势,积极出台政策和措施,以推动远洋渔业的快速发展。

2. 发展策略。

(1)产业链分析。

海洋捕捞产业链可分为上游捕捞装备、中游捕捞生产、下游捕捞服务,其中上游捕捞装备包括渔船、捕捞装备的设计和制造;中游捕捞生产包括近海捕捞和远洋渔业两种作业形式,下游捕捞服务包括捕捞技术、信息等服务。岱山县现有海洋捕捞产业链以近海捕捞为主,缺乏下游捕捞技术和信息等服务。

(2)发展方向。

调整优化近海捕捞作业结构,更新改造渔船设施,开展资源环境友好型作业;压减内陆和近海捕捞强度,开拓远洋渔业。到2025年,近海捕捞总量有效控制,远洋捕捞持续增长,最终促成岱山县海洋捕捞产业转型提升。

（3）发展途径。

调整优化近海捕捞作业结构。压减国内海洋捕捞产能，引导渔民转产转业，遵循设施升级、安全生产、环境保护和资源节约的原则，对老旧木质渔船进行现代化改造。有计划地升级和改造具有高选择性、高效节能和安全环保特点的标准化捕捞渔船，并积极支持环境友好的捕捞作业方式，如钓捕，以优化近海捕捞作业的结构。同时，积极推广如一线微冻保鲜等新技术，以提高渔获物的附加值，并通过加强渔汛信息服务来提高渔业生产的效率和效益。

积极拓展远洋渔业，借助舟山市国家远洋渔业基地的建设强化远洋渔业的管理和服务保障，以全方位的创新为动力，加快远洋渔业的转型升级，促进其健康、协调和可持续的发展。为了突破远洋渔业的发展瓶颈，鼓励对船龄在20年以上的老旧远洋渔船，特别是北太鱿钓渔船，进行分批的更新和建造。支持应用新技术、新材料和新装备，发展专业化、标准化和现代化的新船型，以提高远洋渔船在渔场的生产竞争力。

努力壮大远洋渔业企业，鼓励通过联合、兼并、重组、收购、控股等方式扩大公司规模。支持远洋渔业企业整合产业链上下游企业，发展产业化、集团化的经营模式，并鼓励符合条件的远洋渔业企业进行改制上市，形成多元化、多渠道的投融资格局。同时，加快国内外综合基地的建设，构建产销一体化的生产经营模式，形成与国内外市场、资源相适应的产业格局。

为了推进渔船的综合管理改革，聚焦浙江渔场的修复和振兴，坚持推进"一打三整治"专项执法行动。巩固打击取缔涉渔"三无"船舶和整治"船证不符"渔船的成果，建立防控涉渔"三无"船舶和"船证不符"渔船管理的长效机制。同时，整治禁用渔具，严格实施海洋捕捞准用渔具和最小网目尺寸制度。推动试行港长制，逐步实现渔业管理重心由投入管理为主向投入产出并重转变，渔业执法重心由海上执法向渔港执法转变。聚焦渔业生态保护、渔区振兴和安全监管目标，推行船舶进出渔港报告、渔获物定港上岸、渔业船员违法记分、渔获物可追溯绿色标签等制度。通过全面推进渔船渔港的综合改革，实现依港管船、管人、管渔获、管安全的目标，促进捕捞业的可持续发展。

4.3.2　海水养殖

1. 发展态势。

我国海水养殖生态安全形势严峻，水域生态环境污染不断加剧，水生生物生存空间日渐缩减。生物灾害、疫病频繁发生，导致水域生态破坏，渔业资源严重衰退，水域生产力持续下滑，渔业经济损失不断攀升。生态安全问题已对我国渔业的可持续发展构成严重威胁。为此，亟须加强渔业资源养护和水域生态环境保护，减轻污染危害，研发环境友好型生产技术，探索和推广适应不同区域生态安全的渔业生产和管理模式，以提升渔业的生态安全水平和可持续发展能力。

在海水养殖技术方面，我国养殖现代化水平持续提升，工厂化养殖和抗风浪网箱等装备技术迅速发展，有力推动了捕捞渔民的转产转业，为海水养殖业的发展开辟了更广阔的空间。以健康和生态为核心的标准化养殖技术得到发展，初步构建了疫病监测与防控技术体系，推广了多种健康养殖模式，环保型和功能性饲料得到广泛应用，无公害和绿色产品日益丰富。

在海水生物育种领域，生物高新技术加速了种质创新的进程，实现了精确育种技术的跨越式发展。随着一批海洋生物功能基因序列的测定、重要生产性状的分子标记和遗传解析，以及细胞遗传技术的突破，海水养殖生物育种研究正由传统杂交选育技术向细胞工程育种和分子育种方向迈进，踏上了精确育种的快车道。我国在这一领域取得了一系列重大产业技术突破。同时，人工繁殖技术不断进步，大黄鱼、南美白对虾等一大批水产名优种类的育苗和养殖技术相继获得成功，丰富并优化了养殖品种结构，有力推动了相关产业的协同发展。

2. 发展策略。

（1）产业链分析。

海水养殖产业链可分为上游原材设施、中游生产和下游服务，其中上游原材设施包括网箱系统、养殖平台、养殖工程船、投饵机、洗网机、起网机、养殖废弃物收集装置等养殖装备研发制造，人工鱼礁设计和生产及饲料、苗种、水产药品等生产；中游生产包括人工养殖生产和海洋牧场；下游服务包括渔业技术和品牌推广等。岱山县现有海水养殖产业链以池塘养殖为主，辅以少量工厂化养殖和网箱设施化养殖。

（2）发展方向。

基于现有产业基础和资源条件，聚焦生态健康养殖、工厂化集约养殖、开阔海域设施化养殖和海洋牧场等4个发展方向，合理开发岱山县各类养殖空间，合理控制、科学规划水域滩涂养殖容量，实现全县海水养殖业持续、健康、有序的发展。

（3）发展途径。

推广池塘生态健康养殖。在现有池塘养殖基础上，鼓励鱼虾贝藻混养的（多营养层次综合养殖模式 IMTA），集成应用节能减排、节地节水等环境友好型养殖技术，加强养殖尾水治理，加强投饵管理，规范安全用药，提升池塘水质原位修复能力，使水产养殖对环境的污染尽量控制在天然水域自净的范围内，使渔业生产与环境和谐统一。选取前期工作基础好、水域面积大的养殖片区作为美丽渔场示范点进行打造；对尾水排放设施建设完善、尾水排放达标的养殖场认定为负责任养殖主体，并对其养殖产品进行推广。

发展工厂化集约养殖。发挥岱山县南美白对虾、石斑鱼等特色高值养殖品种产业规模和技术优势，推广建设养殖水净化处理设施和水质监测、产品检测、智能化管理设施，推动工厂化集约养殖发展；研究、开发和示范工厂化循环水养殖关键技术，开展养殖新品种筛选、引进、推广，建立岱山县工厂化养殖示范基地。

推广海洋离岸设施化养殖。按照优质、高效、生态的要求，调整优化产业布局，推广海洋离岸设施化养殖，推行规模经营、标准生产和品牌营销，提高养殖设施化、信息化、产业化水平。把握设施化养殖向远海大型化发展的方向，有机结合资源养护和利用，适度拓展离岸海水养殖空间，鼓励实施地点在远离大陆岸线开放海域的远海养殖项目，保障传统生计渔业，实现渔业可持续发展。

全面推进海洋牧场建设。开展人工鱼礁、渔业资源增殖放流和人工藻场建设，全面推进海洋牧场建设，保护、修复海域资源和生态环境。加快发展"碳汇渔业"，支持建设海洋贝藻养殖、增殖区；实行生态补偿制度，科学合理增殖渔业资源，人工增殖放流黑鲷、大黄鱼等品种；以人工鱼礁投放和海藻床建设为改善海洋生态环境基本手段，以选定重点海洋物种繁衍为生态核心目标，在总结传统海洋渔业生产规律和实践的基础上，运用系统工程的方法建立起动态的生态系统，选择适宜海域和关键物种，探索"海洋森林"构建模式，积极发展底播增殖，不断完善和丰富中街山列岛海域国家级海洋牧场示范区建设。

发展海洋生物育种。发展与水产养殖业相配套的现代苗种业，加强水产新品种的引进和推广应用，提高水产原良种覆盖率，不断调整优化养殖品种结构和区域布局。围绕南美白对虾等特色优势品种，突破育种关键技术，加快育种进程，持续培育出性状优良新品种；以良种培育为核心，实施优势主导品种产业链提升计划，培育海洋生物育种业产业。引导企业运用新技术、新设备对新建育苗厂进行配置，使育苗设施、设备的运转朝半自动化或自动化方向发展，逐步实现育苗生产过程自动化，育成的苗种健康免疫，育苗废水排放达标化。

4.3.3　水产加工

1. 发展态势。

水产加工业较发达的国家和地区主要有日本、韩国、中国台湾、美国、加拿大、德国、意大利、俄罗斯、丹麦、瑞典、挪威、泰国、南非、秘鲁等，这些国家和地区水产加工的特点主要表现为以下几个方面：一是加工比例较高，与我国目前的30%左右加工比例相比，水产加工业较发达的国家和地区加工比例一般在60%～90%。二是加工机械非常发达，加工技术高新化，与高比例的加工产品密切相关的加工机械和设备非常发达，如瑞典的Afa-ava公司、丹麦的Atas公司、日本玛鲁哈公司、挪威的Moren公司、德国的Hartmann公司等十分注重产业设备的研究与更新，使加工利用的机械化、自动化程度越来越高。三是加工利用生态化，发达国家十分重视从环保和资源循环利用的角度引导产业的发展，尤其在加工下脚料、废固、废水、废气的高值化、生态化利用上处于领先优势。

海洋生物制品的研究与产业化已成为当前发达国家竞争最激烈的领域之一。其中，美国的"海洋生物技术计划"、日本的"海洋蓝宝石计划"以及英国的"海洋生物开发计划"、欧盟的"PhamaSea"计划等均表明，海洋生物开发已被全世界列为构建战略性新兴产业的战略重点，并且美国、日本、德国、加拿大等发达国家在全球收集、筛选优质海洋生物资源，建立资源养殖基地，以抢占未来科技竞争制高点。国外在海洋药物和海洋保健食品的研究与开发上取得了长足的发展，角鲨烯、硫酸粘多糖、EPA、DHA 等产品已成功地得到应用与推广。

国内水产加工业近年来发展迅速，逐渐展现出新的发展趋势。在加工资源方面，该行业正逐步转向远洋渔业资源和来料加工模式。同时，企业规模也在不断扩大，全力打造产供销一条龙、渔工贸一体化的加工龙头企业。在生产方面，水产加工业正朝着高附加值、高科技含量、高市场占有率、高出口创汇率的精深加工水产品方向发展。此外，水产品冷藏链保鲜技术也在迅速发展，贝类、虾蟹类保鲜加工技术取得了重要突破，淡水鱼的保鲜和加工方法也在不断改进。综合来看，我国水产品加工呈现出综合性、高值化、多品种的特点，形成了以小包装、便利化、冷冻冷藏为主，同时涵盖调味休闲食品、鱼糜制品、生物材料、功能保健食品、海洋药物等多个种类的水产品加工生产体系。

此外，我国海洋生物产业虽然起步较晚，但发展势头迅猛。在一些领域的研究已经达到国际先进水平。特别是在海洋生物医药和海洋保健食品等领域，我国已经取得了重要成果。例如，20 世纪 80 年代，我国成功研发出第一个抗心脑血管疾病的海洋药物 PSS。此后，国家海洋"863"计划又将海洋生物技术和海洋药物的研究与开发列为重点课题，推动了一系列海洋生物资源开发利用的关键技术不断成熟。2021 年之前，我国在海藻纤维、海洋生物碱性蛋白酶用于生产洗涤剂、修复皮肤组织的"人工皮肤"等分支领域已经达到世界领先地位。

2021 年之前，国内有数十家单位专门从事海洋药物研究，同时有几百家开发和生产企业，主要集中在山东、福建、上海、浙江、广东、海南等海洋生物医药产业发展比较发达的沿海省区。在这些地区，一批以海洋生物产业为特色的产业园区逐步成为产业发展的重要推动力量。在海洋功能性食品方面，近年来我国的研究与开发应用已取得了较大的进展，研制出了一系列投入市场的产品，包括脑黄金、鱼肝油和以海洋贝类中的牛磺酸为主要成分的力多精、鱼蛋白等，但与已获得的生物活性成分相比，海洋功能食品的种类明显较少。因此，利用这些已获得的海洋生物活性成分进行深加工，制成风味独特和保健功效显著的海洋功能食品，是当前最重要的开发研究领域。在海洋生物技术农药产业方面，我国已开发出的无残毒杀虫剂、植物促进激素、海洋前列腺素等产品，其中利用微藻提取物开发的一种生物技术农药——施特灵，对果树、蔬菜、油料防病效果达 50%～90%，降低药费使用率大于 50%，增产效果为 8.5%～30%。

2．发展策略。

（1）产业链分析。

水产加工产业链可分为产品研发、原料生产等上游产业，食品、生物制品制造等中游产业和品牌推广服务等下游产业。岱山县现有水产加工产业链以冷冻食品初加工为主，需要加强精深加工和海洋生物制品制造环节并拓展上下游产业。

（2）发展方向。

以提高水产加工层次和产品附加值、提升渔业全产业链效率为目标，积极引导水产加工企业向产业链上下游布局，打造蟹文化产业集散中心、上水金枪鱼加工基地和大衢渔港冷链物流及水产品加工园区等水产加工产业集群；加强水产加工技术深度研发，重点突破以梭子蟹、金枪鱼为原料的特色高端水产品精深加工技术，开发高附加值的海洋食品和生物制品，提高水产资源利用效率。

（3）发展途径。

提升水产初加工产品品质和档次。岱山水产加工要在传统加工基础上有所突破，充分利用新技术、新工艺，提升产品档次，打响品牌，增强市场竞争能力。提高产品质量和档次，走质量效益型的水产加工工业发展新路子，引导企业加强质量管理，完善质量管理体系，严格把好质量关，出口企业要严格按国际标准组织生产，加强检验、检测，以免遭"绿色技术壁垒"的阻挡。实施名牌战略，进一步发展名牌产品，巩固老名牌，培育新名牌，充分发挥名牌效应，扩大名牌产品的市场占有率。

发展水产品精深加工。以"绿色"和"健康"为理念，突破鱼油、壳聚糖、海藻多糖等主要海洋生物资源提取利用的核心技术，开发降血糖降血脂类、提高免疫力类、抗衰老类、抗疲劳类等保健品；开发海洋动物疫苗与生物饲料添加剂、动植物专用制剂、农用生物肥料等海洋生物农用制品。适时开展海洋生物医药产业化研究，重点开发以生物毒素、海洋生物多糖、海洋生物蛋白和海洋脂类物质为主要功效成分的海洋药物和候选药物以及抗菌、抗病毒、抗肿瘤、抗氧化、抗结石、抗骨关节病、降血糖、心脑血管、神经系统等海洋创新药物、抗体药物和海洋现代中药。

着力打造产业集群。发挥水产加工龙头企业的带动作用，依托蟹文化产业集散中心、上水金枪鱼加工基地和大衢渔港冷链物流及水产品加工园区等水产加工园区建设，进一步完善水产加工产业链，引导企业向产业链上下游布局，打造出一条上中下游衔接配套、前沿与资源对接、后端与生物高端接洽的全产业链，形成水产加工产业集群。利用水产加工园区产业集聚优势，广泛开展品牌区域宣传推广和市场开拓。

4.3.4　渔业装备制造

1. 发展态势。

对当前渔业装备的发展趋势进行分析，主要包括渔业船舶、捕捞装备、池塘养殖装备、工厂化养殖装备和网箱养殖装备等方面。

在渔业船舶方面，发展方向趋向于节能和专业化。这包括优化基础船型参数、构建数值模型和设计方法，以及建立船机桨网配置优化方法，以推动节能标准化渔船的建造。同时，研发以南极磷虾捕捞渔船为代表的大洋性作业渔船，形成优秀船型。此外，玻璃钢、铝合金等轻质材料将得到广泛应用，以提升大型渔船的自主建造能力。

在捕捞装备方面，发展方向趋向于数字信息化。电液控制装备的核心技术将得到提升，数字化装备和信息化系统将在远洋渔业中得到充分运用，实现大部分捕捞作业的自动化。同时，将不断深入掌握鱼群行为控制技术，运用新技术、新材料和专用网具，改进传统渔具渔法，提升捕捞效率。

池塘养殖装备正朝着生态工程化的方向发展。通过逐步掌握主产区主要生产方式的生态系统物质与能量转换机制及关键影响因子，建立调控模型，池塘养殖装备将能够有效地构建养殖系统及其环境水质与环境生物。同时，把握系统生态位关联要素，工程化构建设施装备，并强化微生物等群落功能，集成精准饲喂、良好管理等技术，形成集约化池塘养殖新模式。

工厂化养殖装备则向高效精准化的方向发展。通过逐步掌握可控水体主养品种生长与品质、水质、营养、环境操纵机制，并建立调控模型，工厂化养殖将实现品质可控、养殖高效。此外，研发精准化养殖生境调控系统、智能化投喂控制系统等，建立批序式养殖生产工艺及操作与质量控制规程，将构建工业生产水平的现代化养鱼工厂。

网箱养殖装备的发展方向则是远海大型化。通过创制大型深海网箱及浮式养殖平台，研发机械化生产装备、信息化远程控制系统、专业化配套工船，网箱养殖将实现海上环境可控型集约化养殖。同时，创制大型养殖工船，构建船载繁育系统，研发船体结构、高效装备与信息化管理系统，集成船载水产品加工和海上扒载技术及装备，构建集养殖、繁育、加工及海上流通与物质补给为一体的远海渔业新模式。

2．发展策略。

（1）产业链分析。

渔业装备制造产业链上游产业包括装备的研发、设计，中游包括各类渔业专用船舶、海洋捕捞装备、养殖装备、海洋牧场平台等制造，下游主要是为装备提供维修等技术服务。岱山县渔业装备产业基础相对较好，但在细分产品和高端产品上亟待突破。

（2）发展方向。

借助造船产业基础和技术优势，将海洋渔业装备制造业与发展远洋渔业、发展生态健康养殖统筹考虑，重点发展各类渔业专用船舶、海洋捕捞装备、养殖装备等制造，力争成为全国重要的海洋渔业装备制造基地。

（3）发展途径。

开发各类渔业专用船舶。为保障近海作业需求，以传统修造船企业为依托，研发制造标准化近海捕捞渔船和玻璃钢渔船，淘汰老旧渔船；为开拓远洋渔业，开发建造金枪鱼围网、金枪鱼延绳钓、鱿鱼钓、加工运输船舶等远洋渔业船型；为推动休闲渔业发展，开发各种规格的休闲船只乃至游艇的修造和装潢产业，提升传统船舶附加值。

提高海洋捕捞装备现代化水平。针对渔具的作业要求，优化捕捞设备和操控设备，保证机械的安全性和稳定性，加快捕捞装备升级改造；重视节能降耗科技新产品如风力发电、节油器等在渔船上的推广应用；开发船用自动装置，示范推广蟹笼自动脱钩装置等创新装备，减少捕捞产业支出的同时降低生产安全风险。

升级海洋养殖装备。研发制造示准化池塘养殖设施、工业化养殖循环水装备等自动化装备，提高海水工厂化养殖水平。鼓励深远海养殖设施的研发制造，包括网箱系统、养殖平台、养殖工程船、配套投饵机、洗网机、起网机等养殖装备，物联网信息系统、养殖环保等配套装备。

打造渔船修造产业集群。加快岱西修造船基地落后产能出清，对园区部分积重难返、资不抵债的僵尸企业，通过破产等手段引进合作方整合重组。主动对接国内外先进企业，深化技术创新和管理创新，通过精准招商，积极发展修船、造船、拆船及船舶修造配套等系列产业。发挥平太荣远洋渔业集团收购并改造原浙江盈洲船业有限公司、组建浙江荣畅船舶修造有限公司的示范效应，引导渔业捕捞企业向产业链上游布局，打造渔业装备制造完整产业链。

4.3.5　休闲渔业

1. 发展态势。

休闲渔业主要是通过利用各种形式的渔业资源，将渔业与休闲娱乐、观赏旅游、生态建设、文化传承、科学普及、餐饮美食及周边产品开发有机结合，向社会提供满足人们休闲需求的产品和服务，实现一二三产业融合的一种新型产业形态，是现代渔业五大产业之一。休闲渔业是渔民就业增收及产业扶贫的重要途径，休闲渔业的发展对落实乡村振兴战略具有重要意义。

现阶段，我国休闲渔业迎来快速发展期，2018 年，全国休闲渔业产值为832.83 亿元，同比增长 17.56%，占渔业经济总产值的 4%。其中，休闲垂钓及采集业产值 259.55 亿元，同比增长 10.42%；旅游导向型休闲渔业产值 356.65 亿元，同比增长 24.73%；观赏鱼产业产值 90.37 亿元，同比增长 39.89%；全国休闲渔业经营主体达 122767 个，全年接待游客 2.54 亿人次，同比增加 0.34 亿人次。

浙江省对休闲渔业格外重视。经过 20 余年的发展，浙江省休闲渔业已形成多层次、多类型、多样化的产业发展格局，休闲渔业产业也成为浙江渔业增效、渔农民增收新的经济增长点。尤其是近年来，浙江省注重产业结构优化调整，用改革的思路和创新的办法全面发力，为全国休闲渔业提供浙江样板、浙江实践和浙江素材。2017年，浙江拥有各类休闲渔业经营主体2406个，从业人员2万余人、休闲渔船786艘，休闲基地面积达28万亩，人文景观景点467个，专业礁（船）钓项目2269个，休闲渔业总产出24.3亿元，接待游客人数1233.3万人。创建国家和省级休闲渔业知名品牌202家，其中国家级最美渔村、休闲渔业示范（精品）基地和有影响力的节庆赛事13家，省级休闲渔业示范（精品）基地80家。

2. 发展策略。

（1）产业链分析。

休闲渔业产业链上游涵盖海洋生物育种、创意设计、船只租赁等生产和服务，产业链中游包括海钓运动、渔文化展示、渔文化体验等，产业链下游涵盖交通、信息服务、餐饮、住宿、教育等多种类型的服务业态。目前来看，岱山县休闲渔业产业链相对比较完整，与其他海岛县相比具有明显优势。

（2）发展方向。

结合国家绿色渔业实验基地建设和全域旅游示范县创建，把休闲渔业作为渔业产业结构调整的重要方向，促进渔业与文化、旅游、健康等相关产业融合发展，不断延伸旅游产业链，扩大休闲渔业产业规模。利用岱山海岛、海岬、沙滩等海岛风光和渔港码头等设施条件，抓住海钓运动、渔旅融合蓬勃发展的机遇，进行美丽渔岛、美丽海岸线、美丽码头、美丽渔区建设，建设休闲渔业基地。以乡村振兴为载体，推进村庄整体规划，建成一批渔味浓厚、渔文化丰富、渔旅结合的最美（特色）渔村，满足游客"吃渔家饭、住渔家屋、干渔家活、享渔家乐"的消费需求，形成岱山县美丽渔村风光带。

（3）发展途径。

结合渔港升级建设一批休闲渔业示范基地。岱山是全国十大休闲渔业县，截止到2021年，衢山凉峙休闲渔村、田涂休闲渔业、兰秀渔庄等5家已通过"省级休闲渔业精品基地"考核验收；田涂休闲渔业已被评为"全国休闲渔业示范基地"。通过改善提升渔港及海岸环境，发展渔港多元化服务功能，依托周边旅游资源，进一步将渔业与现代休闲、旅游、美食、购物、教育、科普等元素相融合，集中发展赛事节庆活动、渔事体验观光、鱼鲜餐饮、民居民宿、科普教育、赶海拾贝等活动，形成以渔港为核心的、特色鲜明的滨海休闲渔业基地。打造典型示范，将岱山南部的高亭休闲渔业基地和岱山北部的后背岙休闲渔业基地打造为岱山休闲渔业基地的代表性项目。其中，后背岙休闲渔业基地结合游艇码头建设，打造集海上各种类型的休闲渔业和岸上休闲度假观光旅游于一体的休闲渔业；高亭休闲渔业基地以高亭码头为主要载体，适当改造，增建设施包括从事海上观光钓鱼的游艇码头、渔人码头、海鲜美食广场、海钓俱乐部、海景公园、儿童娱乐场及相应的服务设施；兰秀渔庄休闲渔业基地利用有一定规模的专业海水网箱养殖、围塘养殖基地及淡水养殖池塘，放养名贵海淡水鱼类，提升档次和规模，开展以垂钓为主，集娱乐、餐饮为一体的休闲渔业；衢山冷峙、沙峙休闲渔业基地充分利用观光休闲渔船、渔具设备，在渔民指导下让游客直接参与张网、流网、拖虾、笼捕、海钓等形式的近海传统捕捞作业，亲身体验渔民生活，领略渔俗风情。

依托现代渔业发展培育休闲渔业新业态。伴随水产养殖业向海洋牧养业演进，可培育休闲养殖垂钓型、涉渔运动观光型、渔区生产体验型、旅游综合配套型等多种休闲渔业形态。利用优越的岛礁资源条件和中街山列岛国家级海洋牧场示范区建设，投放适宜海钓的休闲型人工鱼礁，建设近岸钓点和海上浮式钓台，开发海洋游钓基地，发展以海钓为特色的休闲渔业。

结合美丽渔村建设发展乡村旅游。以推进渔业一二三产业融合发展为目标，集中打造"生态环境优美、休闲特色鲜明、渔业文化浓郁、渔村风情独特"的最美渔村。注重古镇古村落保护和文化传承，培育发展历史文化村、艺术创作村、特色民宿村、居家养老村、手工艺村、渔家乐村等各类特色精品村。串联若干特色精品村落，打造一批美丽海岛精品旅游线路，沿线大力扶持发展精品、特色民宿项目，打造一批以东沙镇小岙渔村民宿集聚区、秀山三礁渔村民宿集聚区等为代表的海岛特色民宿示范区，以衢山凉峙东海风情渔村为代表海岛旅游特色示范村。

通过海洋和渔文化发掘促进休闲渔业产业繁荣发展。着力培育文化旅游、海洋民俗、海洋节庆等海洋文化产业，构建具有岱山特色的海洋文化产业体系。积极挖掘海洋文化、风筝文化、古渔镇文化资源，以创意设计为重点，推进文化创意产业发展。加快培育文化产业领军企业，开发海岛特色文化创意产品。

鼓励县文联和协会积极参与文化产品的研发、设计和制作，重点发展渔民画、鱼拓画及其衍生产品。开展特色主题休闲渔业活动，发掘渔家民俗、渔家婚嫁、渔家菜谱等民俗文化，举办庙会、海鲜美食节等各类渔文化节庆活动，带动渔旅全面融合发展。

4.3.6　水产品交易物流

1. 发展态势。

全球最大的水产品批发市场——东京筑地市场（现迁至新的丰州市场）不仅是目前全球最大的渔市，也集中了全日本的大部分渔获，东京所有的海鲜基本都出自此处，年交易将近 38 亿美元。东京筑地市场打破了传统渔市就鱼卖鱼的行业壁垒，将渔业、销售和旅游、文化有机结合，成为全球渔市创新范版。新的丰州市场完全将自身作为景点打造，拥有自己的吉祥物，市场内配备了日文、英文和中文的解说牌、引导牌。丰州市场集结了众多不同类别的餐饮店，包括日料店、寿司专营店、炸物店、中餐馆等。虽然店铺口味各不相同，但都是以最新鲜的食材为最大吸引元素。这些餐饮店吸引了全球吃货，并且频频成为各大热门网络社交社平台的热点。

国内发展规模和特色兼具的水产品批发市场首推舟山国际水产城。舟山国际水产城景区位于风景秀丽的世界三大渔港之一的沈家门渔港，是浙江省特色小镇——沈家门渔港小镇的核心区，全国最大的原产地海鲜批发市场。舟山国际经过 20 余年的持续发展，已经成功构建了一个综合性的水产品交易市场。这个市场汇集了活海鲜、新鲜海鲜、冷冻海鲜和干货海鲜等各类水产品，同时融合了购物、旅游和尝鲜的多元化体验。舟山国际实现了产供销一体化，提供全方位的经营和多功能的服务，并实行规范化管理。作为一个面向全国和国际的大型产地"市场流通主导型"专业水产品批发市场，舟山国际的地位举足轻重。它被评为国家农业产业化重点龙头企业、农业农村部重点市场，同时也是"中国 50 强综合商品市场"之一和"全国十强水产品批发市场"之一。在浙江省内，它被誉为四星级文明规范市场和重点市场，并荣获"改革开放三十周年功勋市场"的殊荣。此外，舟山国际还是中国浙商行业的龙头市场，展现了其在行业内的卓越地位和影响力。

2．发展策略。

（1）产业链分析。

水产品交易物流产业链上游产业主要指海洋牧养、海洋捕捞等，产业链中游涵盖交易市场、冷链物流等服务业态，产业链下游包括信息服务、电子商务等服务业。

（2）发展方向。

依托岱山捕捞产业基础条件，结合舟岱大桥即将建成通车带来的交通条件的巨大改变，大力发展建设蟹文化产业园等水产品交易集散中心，吸引周边乃至全国渔船到岱山交易作业，延伸渔业产业链，建设以水产交易市场为中心，集渔获物加工、交易、物流、电子交易、休闲美食和海洋文化为一体的海洋渔业综合体，促进渔业产业转型升级，促进岱山县渔业供给侧结构性改革和渔业一二三产业融合发展。

（3）发展途径。

建设区域水产品交易及物流集散中心。利用蟹文化产业园集散中心紧邻岱山县主干道徐福大道的区位优势和周边完备的配套条件，打造集渔获交易、冷链物流、精深加工、休闲观光、城镇建设为一体，区域产业结构平衡、产业层次较高、辐射效应明显的现代渔业综合体。拓展水产交易市场功能，在市场内设计海洋美食博物馆、网红餐饮门店、渔业周边商品集散区，让水产品交易市场成为岱山县渔港经济区多产融合发展的重要载体。

打造渔港经济区冷链物流运输基地。开展水产品保鲜、保活、贮藏和运输等全程安全控制集成技术和设备研发，增强冷链物流服务能力。整合渔港经济区内独立的冷链物流运输车，组成规模化、公司化的物流联盟，同时引入大型物流集团，打造冷链物流运输基地，构建现代化水产物流体系。

拓展电子商务等新业态、新模式。对水产品交易市场开展现代信息技术改造，培育新型多元的水产交易主体，对接盒马、顺丰、京东等大型互联网平台进行生鲜水产品售卖。引入相关互联网营销人才，帮助区域内的渔业企业进行线上营销。增加跨国贸易板块，快速、高效、精准、广泛地依托互联网进行水产品贸易。

4.3.7 渔港配套服务

1. 发展态势。

现代渔港具有完善的渔港配套服务产业,在提升渔港的综合管理和服务能力、促进现代渔业发展上起到了十分重要的作用。以日本为例,日本渔港数量众多,分布范围广,渔港不论大小,陆域功能区配套设施和服务均十分完善。渔港配套功能区规划完备,一般包括码头前沿装卸区、综合作业区(含传送、堆放、整理、包装、外运等功能)、制冰贮冰及加冰设施区、冷冻冷藏区、加油设施区、物资存放和绳网场区、办公管理区等;同时,物资供应等配套服务齐全。

2021年以前,我国多数渔港基本上还是以码头岸线类的基础工程为主,陆域配套设施和服务欠缺,在渔港港区环境方面也亟待改善,参照国外标准的差距较大,国内也在着力缩小这一差距。

2. 发展策略。

(1)产业链分析。

渔港配套服务上游产业主要是渔港作业基础设施建设,中游产业包括供油、供冰、环保及船用物资批发零售等服务,下游产业涵盖所有相关的渔船管理、安全救助等信息化服务。岱山县现有渔港配套服务产业链以上游渔港作业基础设施建设为主,中下游产业有一定发展,但亟待完善。

(2)发展方向。

完善渔港作业基础设施及相关配套装备建设,完善渔港供油、供水、供冰、环保等配套服务体系;改善港区环境状况,增强渔港避风防灾能力,建设美丽渔港;在传统渔港核心功能的基础上,完善渔港信息化、网络化和规范化建设,强化渔船安全救助系统、动态终端系统等应用,提高防灾减灾能力,确保渔船渔民安全生产。

(3)发展途径。

完善渔港作业基础设施。加快岱山县各级渔港港区科学规划,完善渔获物定点上岸区、综合物资区、冷链物流及冷库区、渔船综合保障区域等区域规划和建设。完善渔港内外配套交通设施,通过"升级设施,灵活运营"的方式进行渔港内外交通设施改造,通过港区道路修造、近港道路的拓宽以及卸港功能区道路整合等方式，提升整个交通路网的承载力；通过开渔期在港内设置渔获运输绿色通道，开辟物流企业入港进货等制度，缩短渔获卸港运送周期，提升港口作业效能。

完善配套服务产业。加强渔船污水回收处理，针对日益严苛的环境保护要求，鼓励渔船污水处理产业发展，对渔船排放的废水和废油进行回收处理。鼓励为渔民提供补给的网片、绳缆、船用五金、普通五金、易损零配件等批发零售业发展，推动为冷链物流配套服务的制冰贮冰产业升级。

发展渔业渔港信息产业。基于现有的北斗船载系统和 AIS、渔港视频监控系统，构建起渔业安全生产数字化信息系统，促进船岸通信向数字化、可视化方向转变。持续推动渔获二维码数字化登记，清楚搜集整理渔船卸港情况，全面搭建起全环节全覆盖全天候的动态数字服务监管平台。融合未来先进的 5G 运用场景，实现船岸联动海港互通的信息交流模式。打造数字渔港，研发数字化运营系统，打造一套以数字地球为技术导向、以港口实体应用为对象、以地理空间坐标为依据，具有多分辨率、海量数据和多种数据融合，可用多媒体和虚拟技术进行多维表达，具有空间化、数字化、网络化、智能化和可视化特征的技术系统，大幅提升渔港的作业效率，降低作业成本；同时也兼具对海域内的作业渔船进行定位和识别、监控目标危险报警，近端数据采集和远程传输监控等功能，在规范渔业生产秩序、保障渔船作业安全和提升渔政管理水平上起关键作用。

4.3.8　海洋科技服务

1. 发展态势。

推动渔业经济发展并实现其生产的转型升级，科技创新的支撑作用至关重要。转变渔业发展方式及调整其结构是我国现代渔业建设的核心任务与目标，这需要我们从资源利用、生产、经营到管理方式进行全面转变，从粗放型转向集约型。同时，还需调整并优化渔业产品与产业结构及区域布局，提升渔业生产的规模化、集约化和组织化水平。大力推进渔业与一二三产业的深度融合，以实现渔业的产业转型升级。加速渔业的转型与结构调整对现代水产种业、高效配合饲料、疫病防控及安全药物研发、水产品质量安全管理、水质调控及污水排放管理、水产品加工流通、渔业装备及信息化等领域提出了更高的要求。解决这些问题，迫切需要通过科技研发和技术推广提供有力支撑。

发挥渔业生态功能，推进国家生态文明建设，迫切需要科技创新做支撑。通过恢复渔业资源，修复严重退化的渔业生态系统，发挥渔业水域的生态服务功能，有效促进渔业水域生态环境的修复和改善，构建资源节约、环境友好、质效双增的现代渔业发展新格局，迫切需要发挥科技的有效支撑作用，解决渔业资源调查与评估、水域生态环境修复、濒危物种保护等紧迫课题。

2. 发展策略。

（1）产业链分析。

海洋科技服务产业链上游包括职业教育培训、渔业科研等，产业链中游主要是指科技成果转化产业，产业链下游涵盖科技成果交易、智慧渔业等服务。

（2）发展方向。

引导海洋渔业科学技术服务产业发展，面向远洋渔业、海水养殖和生物育种、精深加工等领域推动产业升级和新模式构建，培育发展新动力，拓展发展空间。

（3）发展途径。

推动渔业科研产业的发展。汇聚全省、全国乃至国际的海洋科研实力，于岱山县渔港经济区内塑造具备显著优势和领导力的顶尖科研机构。通过其强大的影响和引导作用，促成海洋科研与产业的共融共进。构建海洋渔业科技的公共服务平台，借助互补优势和资源共享，于项目实施、人才培养及成果转化等关键领域深化交流与合作，寻求联合科研攻关的新机制，优化科研与人才资源的组合，共同驱动重大和关键海洋技术的研发与应用。强化科研机构间的沟通桥梁，建立开放、共享的仪器设备和数据管理体系，规避重复和封闭式建设，提升科研的效能与品质。

鼓励发展渔业教育培训。发展海洋渔业专业技能培训学校，培养适合渔港建设的各层次专业人才，对当地渔民、船员、水产加工人员、船舶修造人员进行再培训，解决实际需求中的各种技术瓶颈。此外，针对渔业跨界融合趋势，有针对性地培养电子商务、金融等各种辅助人才，培训相关技能。

发展智慧渔业。依托岱山县渔港数字化信息服务平台，围绕大数据"预警、预测、决策、智能"四大要素，结合渔业基础，开展物联网、云计算、大数据、AI 等数字化技术在渔业方面的创新应用，发展当地已成规模的智慧养殖，推进渔业科技创新。

组织与全国高校、科研院所构建产学研联盟，做好渔业重点领域科技攻关。就捕捞渔船装备的绿色化、专业化、自动化进行联合开发，研究应用先进的自动驱动系统和电子监视器、小型船用雷达等探鱼仪器以降低劳动强度和生产成本，在渔机产品方面注重采用新材料以提高渔机产品的寿命和可靠性，应用遥感、全球定位系统、地理信息系统等高新技术以提高海洋生物育种和渔业资源管理水平。

第 5 章　产业空间布局

5.1 布局理论基础

渔港经济区创建工作在我国尚属"新鲜事物"，其产业空间布局宜借鉴当前现代农业产业园发展模式。现代农业产业园的核心特征在于其技术密集性，主要聚焦于科技开发、示范、辐射以及推广等方面。其根本目标是推动区域农业结构的调整和产业的升级。为了实现这一目标，现代农业产业园积极吸纳各种能够在不同生产主体间发挥作用的农业科技形式，同时也纳入围绕主导产业和优势区域促进农民增收的各种类型。其主要理论基础包括发展极理论、产业集聚理论和产业链理论。发展极理论侧重于将要素资源集中投入某一区域以促进优先发展；产业集聚理论则强调通过产业集聚来创造外部优势；而产业链理论则注重全产业链的协同发展。渔港经济区则是以渔港为中心的经济和社会功能区，涵盖了商贸、工业、交通、服务等多个领域，形成了一个综合性的经济区域。它紧密围绕渔港和渔业，与产业集群和周边区域城镇化建设紧密结合，旨在打造产业层级较高且区域结构平衡的产业集群。从理论层面来看，渔港经济区与渔港在空间概念和发展过程中都存在着紧密的联系。从空间布局上看，渔港港区是核心，渔港周边为辐射范围。基于此，渔港经济区参考上述三个理论做如下阐述。

5.1.1 发展极理论

发展极是指由于经济发展不平衡所形成的企业聚集的地区，从区域布局角度看，是指集中了区域主导产业和创新企业的中心区域；从产业发展的角度看，就是形成产业增长点。发展极有两种效应：极化效应和扩散效应，极化效应是在主导产业和创新企业集中区产生巨大的内、外部经济效益，从而使发展极迅速发展，极化效应扩大了发展极与其他区域的差异。

扩散效应的形成源自发展极规模的扩充，从而引领周边地区的进步，最终实现大范围区域经济的增长。要形成发展极，至少需要满足三个条件：首先，必须存在具备创新能力的企业和企业家群体；其次，必须实现规模经济效益；最后，需要适当的环境作为支撑。发展极可以形成两个中心，一是吸引中心，它能将边缘地区的居民吸引到该发展极来，通过减轻边缘地区的人口压力，保护耕地面积并改进生产技术，来提高这些地区的人均福利水平。二是发散中心，它通过增加发展极对边缘地区的投资和人才流动，来促进这些地区的开发和发展，从而改变那里的经济状况。

渔港港区通常是小城镇的发展核心，其极化效应推动了周边地区的进步。这种进步又通过"回流"作用进一步巩固了渔港的优势地位。从发展阶段来看，渔港是基础，而渔港经济区则是发展趋势。渔港的功能从最初的以提供补给为主的渔船停靠地，逐渐向多功能方向转变。之后，在多功能渔港的基础上，逐渐发展出渔港经济区。渔港产业的发展、空间的拓展以及功能的融合，是衍生出渔港经济区的基本内在条件。因此，渔港经济区是渔港发展的高端形式，同时，渔港经济区也依赖于渔港才能实现持续发展。

5.1.2　产业集聚理论

产业集聚是特定领域内的企业或机构因彼此间的共性和互补性，在发展过程中形成紧密联系的现象。这种联系使得它们在地理上集中，产业上相互支撑，构成了一个产业群体。

在渔港经济区中，渔业及其相关产业的这种集聚现象使得各类市场主体在地理位置上相互邻近。例如，水产品加工企业紧邻船只停泊码头，这不仅降低了物流、仓储和交易成本，还提高了产业的整体利润，为各参与主体和渔港经济区的发展积累了更多的经济资源。核心骨干企业在这样的环境下获得了一个高效整合资源的平台，它们的边界因集聚而缩小，专业化和劳动生产率得到进一步提升，从而增强了渔港经济区内部的运营效率。当这些创新能力强、产业关联度高、科技含量高的核心骨干企业有机地联合在一起时，它们完善了渔港经济区的产业网络结构，进一步提升了其市场竞争力。

　　渔港经济区的产业集聚可分为三个层次：核心层、紧密层和辅助层。其中核心层包括养殖、捕捞、水产品加工等；紧密层包括渔船修造、渔港建设、渔具和仪器制造、渔需物资供应、水产品储藏和运输、水产品销售、休闲渔业等；辅助层包括政府、行业协会、科研机构、教育培训机构、金融、医疗、电力、交通和通信等基础设施和行业（如图 5-1 所示）。

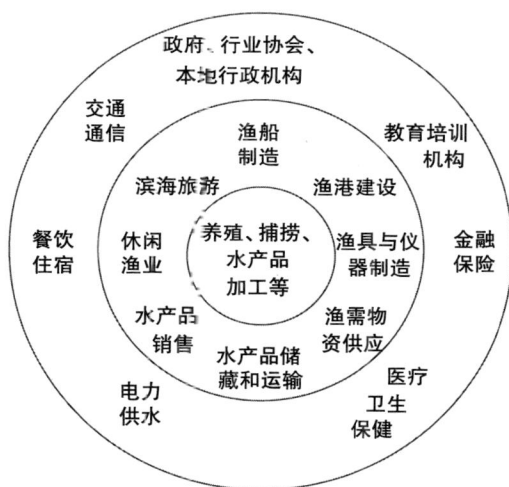

图 5-1　渔港经济区产业集聚的构成

5.1.3　产业链理论

　　产业链理论核心就是全产业链发展。农业全产业链是从田间到餐桌所涵盖的种植与采购、贸易与物流、加工与深加工、品牌建立、产品销售等多个环节构成的完整的产业链系统。全产业链模式实质上是企业通过组织内部的管理协调来替代市场机制进行商品交换和资源配置的方式。全产业链带来资源的合理分配、稳定盈利和抗风险能力，全产业链各环节之间形成战略协同效应，具有规模效应、成本低、产业信息传递顺畅等优势。

按照产业链理论，就要整合各类资源，促进渔港经济区一二三产业融合发展，全面提升渔业产业化、现代化。渔港经济区内企业和企业、企业和组织、组织和组织之间并不是独立不相干的，它们彼此有密切的联系和互动，相互依存、相互支持，形成一定的网络关系（如图5-2所示）。

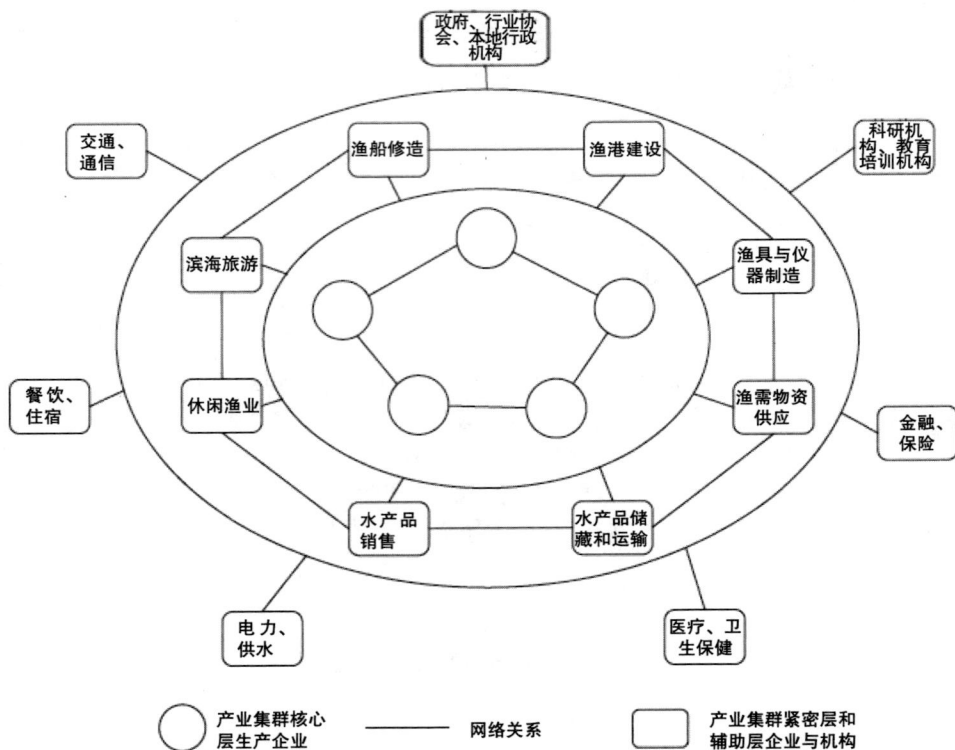

图5-2　渔港经济区产业集聚关系图

5.2　总体布局

基于岱山县渔港建设、渔业及相关产业发展现状，根据已有规划布局，结合上述有关布局理论，规划形成"一核一带、一线两区"的空间布局（见表5-1）。

表5-1 岱山县渔港经济区产业空间布局

空间范围		布局主要产业
一核	以高亭中心渔港为核心港区的"现代渔业综合体"	海洋捕捞
		渔港配套服务
		休闲渔业
		冷链物流
		渔业装备制造
一带	沿岱山岛南侧，集双合美丽渔村、蟹文化产业园集散中心、修造船基地和高亭中心渔港以及长涂岛的长涂一级渔港的沿岸渔旅综合观光带	海洋捕捞
		交易物流
		渔港配套服务
		休闲渔业
		水产加工
		渔业装备制造
一线	通过岱东、东沙特色小镇建设形成的集风景、产业、文化、运动于一体的滨海风情示范线	休闲渔业
		渔业装备制造
		海洋科技服务
两区	以大衢一级渔港升级扩建为核心，集合以冷峙美丽渔村建设和万良二级渔港功能提升项目为主的产业融合发展区	海洋捕捞
		渔港配套服务
		休闲渔业
		水产加工
		渔业装备制造
	以中街山列岛（岱山县域）海洋牧场为主的渔业可持续发展示范区	海水养殖
		休闲渔业

5.2.1 一核

"一核"指以高亭中心渔港为核心港区的"现代渔业综合体"。根据岱山县现有的渔业产业情况，结合《岱山县域总体规划》要求，考虑区域所处地理位置及发展潜力，立足土地、岸线等资源优势，重点对高亭中心渔港进行渔港功能提升。以高亭中心渔港为核心，通过扩建和改造码头、护岸、防波堤等渔港基础设施，提升渔港避风锚泊及防灾减灾能力。根据地理位置和区域优势，将高亭中心渔港分成三个港区进行管理，分别为岱山岛南侧一村码头至发电厂段以渔船停靠、鱼货装卸为主要功能的西港区、江南山岛西侧陆域以物资补给为主的东港区和江南山—横勒山—牛轭岛围成的以避风为主的南港区。

区块产业布局：结合高亭中心渔港进行功能提升，进一步升级渔港基础设施，完善渔港配套设施，构建渔港综合管理信息化平台，发展供油、供冰、环保及船用物资批发零售等服务，提升渔港配套服务产业层次；增加和延伸渔业产业链条，推进水产加工业、冷链物流业、渔业装备制造等二三产联动发展；依托高亭中心渔港，规划江南山物资补给保障基地、避风锚地及江南山现代渔业小镇，发展以渔港风情为主题的休闲渔业产业。

5.2.2 一带

"一带"指沿岱山岛南侧，集双合美丽渔村、蟹文化产业园集散中心、修造船基地和高亭中心渔港以及长涂岛的长涂一级渔港为一条线，集产业、文化、景观为一体的沿岸渔旅综合观光带。

区块产业布局：遵循打造"海上花园城"的总体要求，结合岱山岛现有的渔业及产业基础，充分利用其独特的地理位置，并通过美丽渔村的建设、蟹文化产业园的建设和高亭渔港岸线的整治和迁移，在岱山岛西南侧岸线和长涂岛形成一条从双合村至江南山的集渔村、蟹文化产业园集散中心、修造船基地和渔港为一脉的产业与景观融合的沿岸渔旅综合观光带，充分实现三产融合协调发展，切实推动产业集聚、人流集聚和各种资源要素集聚，繁荣渔区经济，区块主要布局休闲渔业、水产加工、渔业装备制造等产业。

5.2.3 一线

"一线"指通过岱东、东沙特色小镇建设形成的集风景、产业、文化、运动于一体的滨海风情示范线。

依托东沙国家级历史名镇和岱东特色小镇建设，打造成一条集风景、产业、文化、运动于一体的美丽海岛示范线，推进"汽船配小镇、海岬小镇"两个板块的特色小镇的发展模式，推进海岛特色民宿集聚区建设，结合运动度假区、滨海养生度假区等项目构成集渔业发展和滨海旅游观光为主的特色海岛风情小镇，区块布局休闲渔业和渔业装备制造产业，同时为以海洋科技服务为特色的小镇自身及周边地区发展提供科技支撑服务。

5.2.4　两区

"两区"指以大衢岛为片区，大衢一级渔港升级扩建为核心，集合以冷峙美丽渔村建设和万良二级渔港功能提升项目为主的产业融合发展区；另一个是指以中街山列岛（岱山县域）海洋牧场为主的渔业可持续发展示范区。

产业融合发展区规划布局：以大衢一级渔港扩建工程为发展核心，规划集渔船修造厂、螃蟹粗加工及冷链物流园区为一体的综合港区，并依托冷峙美丽渔村建设和万良二级渔港的升级扩建，打造衢山岛集渔业、休闲旅游为一体的产业融合发展区。

渔业可持续发展示范区规划布局：依托中街山列岛（岱山县域）海洋牧场示范区，开展海洋牧场项目，通过投放人工鱼礁，开展增殖放流等措施，积极整治修复海域生态环境，改善海洋生物的生息环境，提高海域的生产力。

5.3　产业项目布局

根据产业布局要求，建设一系列产业项目，如表 5-2 所示。

表 5-2　岱山县渔港经济区产业项目布局

核心区建设项目 （渔港港界范围内）	高亭中心渔港扩建工程
	岱西避风锚地建设工程
	大衢一级渔港升级扩建工程
	万良二级渔港疏浚工程
	长涂避风锚地升级改造工程
	大衢渔港冷链物流及水产品加工园区
	高亭休闲渔船停泊基地
辐射区建设项目 （渔港周边）	岱山蟹文化产业园
	岱山高亭海钓中心基地
	川湖列岛海洋牧场综合体
	岱西修造船基地项目
	秀山金枪鱼物流加工基地

第6章　产业发展所需
资源来源的建议

6.1 国家层面

6.1.1 国家级渔港经济区

为了推动全国沿海渔港经济的发展，国家发展改革委和农业农村部在2018年4月联合发布了《全国沿海渔港建设规划（2018—2025年）》。该规划强调，在新时期，渔港建设需要适应经济社会发展的新常态和供给侧结构性改革的基本要求，通过转变发展方式和优化产业结构，满足沿海经济社会发展的需要。基于区域产业基础、海洋渔业发展现状、城镇分布特点和渔港自身条件，规划提出建设10大沿海渔港群，并依托现有的中心渔港、一级渔港及周边其他渔港，在各地区建设93个渔港经济区。这些经济区将根据各地区的区位条件、产业基础、城镇发展和海域岸线分布进行布局，旨在推动产业集聚、人流集聚和各种资源要素的集聚，进一步促进区域经济的繁荣，为沿海经济社会的可持续发展做出重要贡献。

该规划作为各地区开展沿海渔港建设的基本依据，其中涉及上海—浙江沿海渔港群的部分包括上海市以及浙江省的宁波市、舟山市、台州市和温州市，大陆岸线长度达2329千米。在这一区域内，规划将推动形成横沙、芦潮港、嵊泗、岱山、定海、普陀、奉化、象山、台州中北部、台州南部、洞头、瑞安、巴曹和霞关等14个渔港经济区。

争取途径：规划期内以岱山高亭中心渔港、长涂一级渔港、大衢一级渔港为基础，重点支持扩建岱山高亭中心渔港、长涂一级渔港，升级扩建岱山大衢一级渔港为中心渔港，推动形成以水产品加工、冷链物流、休闲渔业等为特色的渔港经济区。

6.1.2　国家休闲渔业示范基地

《农业部办公厅关于开展休闲渔业品牌培育活动的通知》提出了一项重要的举措，即从 2017 年起，全面启动休闲渔业品牌培育活动。该活动旨在通过实施"四个一"工程，提升休闲渔业品牌的影响力和知名度，进而增强其产业公共服务能力和持续发展潜力。为了达到这一目标，需要构建一个"可测、可看、可控"的产业经营体系，并形成"统筹规划、系统开发、上下联动、点面结合"的休闲渔业品牌发展格局。

休闲渔业不仅是推进渔业提质增效、渔村美丽繁荣、渔民就业增收的重要途径，也是满足城乡居民新型休闲消费需求的有效手段。同时，它还能为健康中国建设和地方经济发展提供新的动力。

在全国范围内，休闲渔业示范基地的创建标准强调涉渔休闲主题，要求将传统渔业生产与服务业紧密结合。基地的经营活动需规范，且要形成集休闲、垂钓、体验、观光、美食、水族观赏、文化等多种功能于一体的综合性渔业基地。具体而言，规模上应达到年营业额 500 万元以上，并拥有 2 个以上的休闲渔业主题项目或观光活动景点。同时，基地还应展示渔业文化和当地渔业特产，内容丰富、健康，并形成独特的主题，具有一定的示范性。

争取途径：促进岱山休闲渔业发展，打造美丽乡村和特色小镇，推进海岛民宿建设、渔民农家乐、休闲垂钓，增加就业机会和收入，依托川湖列岛海洋牧场综合体的建设，将海洋牧场与休闲渔业有机结合，积极申报国家休闲渔业示范基地。

6.1.3　国家现代农业产业园

农业农村部和财政部发布的《关于开展 2018 年国家现代农业产业园创建工作的通知》提出，通过创建，建成一批产业特色鲜明、要素高度聚集、设施装备先进、生产方式绿色、一二三产融合、辐射带动有力的国家现代农业产业园，形成乡村发展新动力、农民增收新机制、乡村产业融合发展新格局，带动各地加强产业园建设，构建各具特色的乡村产业体系，推动乡村产业振兴，中央财政通过以奖代补方式对认定创建的国家现代农业产业园给予适当支持。国家现代农业产业园申报条件要求主导产业特色优势明显，产业集中度高，产值占产业园总产值的比重达 50% 以上，主导产业符合"生产＋加工＋科技"的发展要求，实现一二三产业融合发展。"国家现代农业产业园"门槛相对较高，但同时中央财政资金的奖补额度也大，按照项目建设规模奖补资金可达亿元以上。

争取途径：对照国家现代农业产业园申报要求，规划建设蟹文化产业园集散中心，推动岱山县蟹类等水产品本地集散及当地渔业生产方式、结构的合理调整和渔业资源优化，实现海洋捕捞、增养殖、加工和休闲渔业等多产业融合发展的现代化农业园区。

6.1.4　渔港公益性基础设施建设投入补助

农业农村部渔业渔政管理局 2017 年印发《渔港升级改造和整治维护项目实施管理细则》提出，对中央投资并已经竣工验收的中心渔港和一级渔港、沿海二级渔港升级改造和整治维护项目以财政补助，主要支持防波堤、拦沙堤、码头、护岸、港池航道锚地疏浚、港区道路和通信导航、系泊监控、供电、照明、给排水、消防、公共卫生、污水污油和垃圾处理等配套设施的升级改造，单个项目补助金额不超过 2000 万元。

争取途径：积极争取渔港基础设施建设的财政补助资金，助力渔港设施更新完善。

6.2　省级层面

6.2.1　浙江省渔业转型发展先行区

2017 年，浙江省原海洋与渔业局印发《浙江省渔业转型发展先行区培育创建工作实施方案》，目的是加快推进渔业供给侧结构性改革，促进渔民增收、渔村美丽和渔区繁荣。对创建达标的县（市、区）人民政府，授予"浙江省渔业转型发展先行区"，省里将统筹现有相关渠道资金，积极支持渔业转型发展先行区创建，并优先推荐申报农业农村部、省政府和省级相关部门的项目。

争取途径：继续按照"资源可持续利用、环境持续改善、产业提质增效、产品优质安全、一二三产融合发展"的要求，提高渔业执法管理及综合服务能力，科学区域功能布局，找准短板、精准发力，促进渔业产业提质增效，渔民增产增收。

6.2.3　浙江省美丽乡村（美丽村镇）

2014 年，中共浙江省委《关于建设美丽浙江、创造美好生活的决定》中提出加快生态文明制度建设，努力走向社会主义生态文明新时代，并做出关于建设美丽浙江、创造美好生活的决定。《决定》要求提升美丽乡村建设水平，深化"千村示范、万村整治"工程，推进村庄生态化有机更新；大力创建绿色城镇和生态示范村，保护乡土自然景观和特色文化村落。美丽乡村建设专项资金是省财政预算统筹安排，资金主要用于改善农村人居环境、历史文化村落保护利用、发展农家乐休闲旅游业、提升农民素质水平等方面，具体补助资金额度参照项目类型和规模。

争取途径：依托渔港分布，创建一批美丽渔村和美丽渔港小镇，争取相关扶持政策。

6.2.4　浙江省海岸线整治修复项目

浙江省原海洋与渔业局于 2018 年印发《浙江省海岸线整治修复三年行动方案》，提出以生态红线管控为核心，坚守自然岸线保护目标，优化海岸线保护与利用格局，以生态岸线修复、景观岸线再造、防灾岸线提升为主要方向，维护海岸功能，改善海岸景观，提升海岸价值，保障海岸线资源可持续利用，为我省实现"两个高水平"目标提供有力支撑。同时提出要落实沿海市、县（市、区）整治修复任务，加大省级财政资金引导，加强目标任务考核，确保全省陆地自然岸线保有率不低于 35%、海岛自然岸线保有率不低于 78%，通过整治修复工作开展，构建水净岸洁、生态和谐、文景共荣的"黄金美丽海岸线"，促进蓝色经济与海洋生态环境协调发展。

争取途径：争取省岸线修复年度指标和相关配套资金，结合渔港经济区基础设施建设，美化休闲观光岸段，营造生态岸线。

6.2.5　大湾区大通道大花园（海岛大花园）

2018 年，省委省政府启动了大规模的花园建设行动。省委领导强调，浙江全省正在建设成为一个美丽的花园，而海岛大花园是这一行动的重要、特色和亮点部分。2019 年，省长在政府工作报告中进一步指出，加快建设十大海岛公园是全省花园建设行动的关键内容。基于此，省发展改革委联合省文化和旅游厅、省林业局共同制定了《浙江省海岛大花园建设规划（2019—2025）》，并在获得省政府批准后正式公布。《规划》以提升沿海居民的生活质量和幸福感为目标，计划到 2025 年显著改善沿海岛屿的生态环境，推动绿色循环低碳发展，突显全域旅游特色，加速建设展现海岛魅力的美丽城市、乡村、田园、海湾和渔港，基本完成十大"海岛公园"的建设，这些公园将具有显著的生态优势、鲜明的旅游特色、繁荣的绿色经济和协同联动的岛群，从而将我省沿海岛屿塑造成为全国海洋生物多样性保护的示范区、全国海岛绿色发展的引领区和长三角地区的海上花园。

争取途径：充分利用《浙江省海岛大花园建设规划（2019—2025）》的建设机遇，加快实现岱山海岛公园规划范围内岱山岛、秀山岛、岱山本岛南岛群、岱山衢山岛群向海洋运动岛和海洋文化旅游岛转变。

第 7 章　效益分析

7.1　经济效益

1.岱山渔港经济区的建设将有力地推动岱山县渔业实现方式转变和结构调整，进而促进现代渔业的发展。通过科学规划和建设岱山县渔港经济区，可以实现渔船的科学管理，规范渔业捕捞行为，合理开发利用海洋生物资源，从而推动捕捞业的转型升级。同时，大力发展水产品精深加工和冷链物流，将有效延长产业链。此外，推进渔港与相关产业、城镇建设的融合发展，将提升价值链，进一步推动渔业实现方式转变和结构调整，为现代渔业的发展注入新的动力。争取到 2025 实现当地渔民转产转业人数超过当地渔民总数的 3%；带动当地渔民增收致富，实现渔民人均收入年均增速不低于 5%。

2.岱山渔港经济区的建设有利于培育新的经济增长极，促进岱山县沿海地区经济发展提质增效。通过规划建设岱山县渔港经济区，可以集聚生产要素，创建水产加工区、物资补给区、商贸区、住宿餐饮区、休闲渔业区等配套场所和设施，扩大有效投资，从供给侧和需求侧两端发力，提升渔港经济发展水平，推动沿海经济发展提质增效。争取到 2025 年实现渔业经济总产值年均增速 6% 以上，渔业总产值突破 80 亿元。岱山渔港经济区总投资为 32.5 亿元，按照 2022 年开始有投资回报、利润是总产值的 10%、利润年均增速 6% 计算，基准收益率（i_c）取 10%，采用动态投资回收期计算方法，以 2020 年为起始年度计算，需要 8.1 年回收成本。所以，项目在 2028 年回收全部成本。计算采用公式如下：

$$\sum_{t=0}^{T_r} (CI-CO)_t (1+i_c)^{-t}=0$$

其中，P_t：动态投资回收期；$(CI-CO)_t$：第 t 年的净现金流量；i_c：基准收益率。

3. 创建岱山县渔港经济区有利于提升综合服务能力，加快推进渔业管理的现代化。通过在该区域内配套建设渔港综合管理中心、渔船识别系统、港口监控系统、通信导航系统、消防设施等设施，可以有效地推动渔港管理的信息化、精准化和智能化。这将进一步提升渔港的综合服务能力和渔业的科学管理水平，加速推进渔业管理的现代化。因此，该经济区能更好地服务于现代渔业的可持续发展，促进传统渔业的转产转业，并为渔民提供更有效的增产增收保障。

7.2 社会效益

1. 岱山县渔港经济区的创建不仅有利于提升防灾减灾能力，构建渔业安全生产体系，而且能够显著增加有效掩护水域面积。这一举措将满足岱山县所有海洋渔船在台风天气时的归港避风和休渔期停泊需求，有力保障渔民的生命和财产安全。通过充分改善现有渔港渔船泊稳条件，可以大幅提高渔业防灾减灾能力，为渔民提供更加安全的生产环境。

2. 建设渔港经济区有利于构建岱山县渔港经济发展平台，促进经济社会全面发展。通过主动适应经济发展新常态，集聚各种生产要素，构建创新发展平台，可以集成发展渔港总部经济，形成良好的创业环境、产业业态和经济增长点。这将以创业带动就业，加大就业岗位的有效供给，提供大量就业岗位和创业机会，从而增加人民群众就业机会和收入，推动经济社会全面发展。

3. 通过创建岱山县渔港经济区，以传统渔村为基础创建特色渔村，改善渔村基础设施条件，保护岱山县优秀渔业历史文化资源，保留与发扬岱山县传统渔乡文化，增加渔民就业机会，提高渔民收入，有助于社会繁荣和稳定；通过大力打造"一二三"产融合创新园区，推行规模化、基地化、园区化、标准化养殖，提升南美白对虾等主导养殖品种标准化生产率；通过创建和完善渔港配套产业，如水产品交易市场，不但可以增加本地渔业就业岗位供应，还有助于增加岱山县水产品供应量，满足当前日益增加的水产品蛋白需求量。

7.3　生态效益

1. 有利于配合减船转产，压减渔业捕捞产能。通过创建岱山县渔港经济区，可以建设集渔船安全避风、鱼货集散、渔业生产、服务贸易、运输补给、滨海旅游、特色城镇等功能于一体的现代渔港，为压减近海渔业过剩捕捞产能做出贡献。

2. 有利于渔港水域污染治理，建设美丽渔港。通过创建岱山县渔港经济区，建设污水处理、油水分离、港区绿化、公共卫生等配套设施，有助于创建生态渔港、绿色渔港和节能渔港，将岱山县建设为现代文明渔港。

3. 一方面，通过创建渔港经济区，积极推广生态和循环养殖新技术、新品种的中试转化与示范推广，形成养殖用水由污水处理到达标排放的循环利用体系，指导渔业产业转型，有助于促进养殖生态保护；建设特色渔村和休闲渔业，能够对生态环境加以有效的保护，通过带动更多的绿色渔业生产，能够营造更加美好的生活环境。另一方面，休闲渔业的发展将原生态的渔村资源转变为经济优势，促进生态环境、人文资源、渔村经济的可持续发展，通过经济效益的提高，增加渔民收入，有助于提升环保意识和对生态价值的认可，从而能够实现生态环境的良性循环。

第 8 章 　保障措施

8.1　加强组织领导，形成产业培育合力

建议设立岱山县渔港经济区建设工作领导小组，由县政府主要领导任组长，分管副县长任副组长，县相关部门、主要渔业乡镇为成员单位，切实发挥领导小组在各项工作中的协调作用。下设领导小组办公室，办公室设在县海洋与渔业局，全面负责渔港经济区建设工作的管理指导和协调服务工作。项目领导小组负责制定和落实项目推进、企业服务，指导、督查、考核项目实施。吸收现代渔业方面的各级专家，组建渔港经济区产业专家委员会，指导产业发展。建立县渔港经济区建设工作联席会议制度，研究制定现代渔业发展战略，协调解决现代渔业发展中的重大问题，调整完善渔港管理体制机制，形成工作合力，优化发展环境，加快岱山县渔港经济区建设。

8.2　加快体制机制创新，增强发展活力

加快体制机制创新，大力培育家庭渔场、渔业专业合作组织、渔业龙头企业等新型渔业经营主体和多元社会化服务组织，激发渔业发展活力。推广"龙头企业＋合作社＋农户"发展模式，引导"低、小、散"经营主体向适度规模经营转变。鼓励渔业企业以兼并重组、参股控股、合资合作等方式进行整合，鼓励龙头企业完善公司治理结构，完成股份制改造，上市发展。建立健全养殖水域、滩涂承包经营权依法有序流转和渔船交易市场机制。围绕渔（农）村产权制度、户籍制度等重点领域，开展各类配套改革试点工作，加快推进农村土地、

房屋等各类产权的确权登记颁证，积极引导确权后的产权交易流转，探索建立农村土地承包经营权、渔（农）村宅基地和集体建设用地产权交易平台和市场化流转办法。

8.3　加强政策扶持，创新投入机制

统筹现有资金渠道，抓好示范创建，重点支持现代渔业产业提升，建设休闲渔业示范基地、赛事基地、美丽渔村，以及举办精品赛事节庆活动。创新投融资机制，通过投资基金、政府和社会资本合作等市场化运作方式，建立多渠道、多层次、多元化长效投入机制，促进资源市场化配置，探索建立资金来源多元化、运作市场化的渔港经济区产业基金，放大财政专项资金的引导作用，更好地吸引社会资本投入，更好地发挥财政资金"四两拨千斤"的作用。加快科技金融体系建设，鼓励银行机构设立专门服务科技金融的网点或部门，开展科技型中小企业金融服务；探索组建科技银行，开展创业投资、科技担保、科技保险、科技小贷公司等科技金融模式的试点；建立科技贷款贴息机制，对享受科技贷款的科技型企业给予一定比例的贴息支持。支持发展融资租赁，创新拓展海洋产业融资渠道，鼓励融资租赁公司通过大型设备融资租赁业务支持海洋水产深加工、渔业装备等涉海产业的投资活动，加大对涉海科技型企业设备融资支持；在远洋渔业方面，通过向上争取行业管理政策，创新登记服务方式，解决租赁物产权变更和过户问题，推动远洋渔业企业通过融资租赁进行远洋渔船升级和行业整合提升；在休闲渔业产业方面，鼓励开展邮轮、游艇、通用航空设备等旅游交通工具以及旅游基础设施的融资租赁业务，推动融资租赁创新业务支持海洋休闲旅游产业发展。

8.4　加强海洋科教，促进渔业科技创新

建立"政、产、学、研、用"五位一体联动平台，借助浙江大学海洋学院、浙江国际海运职业技术学院、舟山群岛新区旅游与健康学院和浙江海洋大学等

本地办学优势，建立现代渔业国内新应用研究院，实施面向岱山的特色化专业教育和海洋高新技术研发。重点围绕渔业捕捞技术、水产品精深加工等领域，培养一批高素质的海洋实用人才；围绕海洋休闲旅游领域，加快培养一大批休闲渔业产业急需的高技能人才。加强科技联盟深化合作，着力提升渔业装备，组织与全国高校、科研院所构建"产、学、研"联盟，制订渔业装备发展规划，针对捕捞渔船装备的绿色化、专业化和自动化进行协同研发。例如，通过运用先进的自动驱动系统和电子监视器，以及小型船用雷达等探鱼设备，可以降低劳动强度和生产成本。在渔机产品方面，注重采用新材料，从而提高渔机产品的使用寿命和可靠性。同时，应用遥感、全球定位系统和地理信息系统等高新技术，可以提升海洋生物育种和渔业资源的管理水平。围绕渔业的转型升级、渔业多元化和多功能拓展、渔业环境与产品质量的提升，以及"互联网＋渔业"等现代渔业的发展趋势，加大对新型渔业主体的培训教育，提高广大渔民主动适应渔业发展新常态的能力和知识技能，培养一批有文化、会经营的新型职业渔民，为现代渔业发展提供有力支撑。